Magisch laufen
Gesünder und schneller mit
der Kraft der Natur

D1719283

Gottfried Schäfers

Magisch laufen

Gesünder
und schneller
mit der
Kraft der Natur

www.las-verlag.com

Typographie und Satz: Martin Veicht
Umschlaggestaltung: Martin Veicht, Jutta Metzger-Brewka
Titelbild: Marcus Buck Fotodesign, www.buck-design.de

© 2003 Lauf- und Ausdauersportverlag / Dr. Siegfried Brewka,
Müllerstr. 21, D-93059 Regensburg, Tel (09 41) 8 30 52-40, Fax -42,
E-Mail: info@las-verlag.com, www.las-verlag.com

Inhalt

Vorwort

Hier geht es um die Zeit des Läufers und darum, wie er mit magischen Kräften schneller wird, also um Sekunden und um Minuten. Um die Zeit im engeren Sinne, die der Läufer braucht, um eine bestimmte Strecke zurückzulegen. Hier geht es aber auch um die Zeit im weiteren Sinne, um das, was der Läufer in seiner Zeit, in unserer Zeit erlebt, wem er begegnet, welche Abenteuer er durchsteht und wo er an seine Grenzen stößt.

Da gibt es neben Trainingsplänen und den Regeln für das richtig gesunde Essen und Trinken viele geheimnisvolle Rezepte, die dem Läufer helfen sollen. Die magische Welt der Hexenkunst tut sich für ihn auf, mit den Gesetzen der Logik und des Verstandes nicht zu erklären. Sie mit einer augenzwinkernd ironisch-lustigen Distanz und nicht tierisch ernst zu befolgen, ist zu empfehlen.

Und ob die Hexenkünste wirklich helfen? Du musst schon daran glauben ...

Ein gelbes Trikot
macht dich richtig schnell

Wie alles einmal anfing: Ich hatte mir gerade eine dieser hautengen elastischen Laufhosen gekauft, lange danach gesucht, denn sie sollte leuchtend rot sein. Und noch schwieriger war es gewesen, ein dazu passendes rotes Laufhemd zu finden. Du kennst das ja vielleicht: Die Hose steckt in einer Plastiktüte, und du gehst die verschiedenen Sportshops ab, suchst die Laufhemden aus den Regalen heraus, lupfst die Laufhose ein wenig und prüfst im Laden und noch zusätzlich bei Tageslicht, ob ihr Rot zu dem des Hemdes passt. Dass es unendlich viele rote Farbtöne gibt, erfuhr ich auf diese Weise.

Als ich schließlich meinen neuen roten Laufdress beisammen hatte und glücklich darüber war, traf ich auf der Straße vor unserem Vollwert-bistro Sportsfreundin Brigitte, die sich schon seit jeher sehr bunt und farbbewusst kleidet. Ich sagte, dass mir ihre lustige Brille mit den herz-förmigen Gläsern gut gefalle und mich fröhlich stimme. Brigitte erzähl-te mir von dem neuen Kostüm, das sie suche. Sie sei extra bis nach Moers am Niederrhein gefahren. Dort habe sie in einer Boutique ihren Traum gefunden. Mokkabraun, phantastisch einfach geschnitten. Das Kostüm sei ihr zurückgehängt worden, weil sie zuerst Wolfgang, ihren Seher, befragen müsse. Wolfgang habe dann festgestellt, dass Mokka-braun sie schwäche, also nichts für sie sei, woraufhin sie das mokka-braune Traumkostüm telefonisch abbestellte. Jetzt suche sie bei uns in Münster. Weiß schwebe ihr vor, denn das sei eine Farbe, die sie stärken würde, wie Wolfgang meine.

7

»Ich bin gerade glücklicher Besitzer neuer Laufklamotten geworden, leuchtend rot sind sie, und sogar die Handschuhe passen dazu.«

Brigitte schien meine Freude nicht ganz teilen zu können. Sie berichtete mir von einer Meditationsrunde bei Wolfgang, bei der eine Teilnehmerin in einem knallroten Pullover sie regelrecht konfus gemacht habe, erst durch einen Blick auf den Teppich in Grün, Beige, Purpurrot sei sie innerlich wieder ruhig geworden.

»Und was ist mit meinem neuen Laufdress?«

»Wenn du willst, mache ich den Test.«

»Ja, ich will wissen, wie ich dran bin.«

Ich musste meinen rechten Arm seitlich ausstrecken und mir dabei vorstellen, den roten Laufdress anzuhaben. Brigitte drückte den Arm nach unten. Ich musste versuchen, dem Druck zu widerstehen. Es gelang mir nicht.

»Lass uns erst noch einen neutralen Versuch machen. Denk nur daran, dass du meinem Druck standhalten musst. Siehst du, es klappt. Und jetzt denkst du intensiv an das rote Trikot. Ich drücke. Du schaffst es nicht. Es ist eindeutig: Rot schwächt dich. Und jetzt stell' dir vor, du hättest ein leuchtend gelbes Trikot an. Da, du widerstehst meinem Druck. Gelb macht dich stark.«

Ich war verwirrt und verunsichert. Ich bildete mir ein, dass die vorbeigehenden Leute neugierig guckten, wie wir da auf der Straße herumhampelten. Aber das war mir jetzt auch egal. Ich bat um eine Wiederholung des Tests in anderer Reihenfolge. Brigitte willigte ein, lächelte mitleidig. Wir kamen zu dem gleichen Ergebnis.

»Weißt du, das ist dein Deltamuskel, der die verschiedenen Farbschwingungen überträgt. Auf diese Weise stellst du fest, ob eine Farbe auf deinen Körper positiv oder negativ wirkt. Kinesiologie nennt Wolfgang das.«

»Wie heißt das?«, frage ich nach. Brigitte wiederholt geduldig zum Mitschreiben. Dann lässt sie mich jedoch allein. Sie muss zur Ballettstunde.

Ein wenig ratlos, wie ich bin, stelle ich in meiner Buchhandlung fest, dass es ein dickes Buch über Kinesiologie gibt. Für 49 Euro. Der Buchhändler will es mir gern bestellen. Ich weiß aber noch nicht, ob ich es mir wirklich kaufen möchte, zumal ja wohl zuerst die Ausgaben für ein neues gelbes Trikot dran sind, das mich richtig schnell machen soll.

Ich interessiere mich ein wenig mehr für Farben, lese nach, was Goethe zum Gelb sagt: »Es ist die nächste Farbe am Licht. Sie führt in ihrer höchsten Reinheit immer die Natur des Hellen mit sich und besitzt eine heitere, muntere, sanft reizende Eigenschaft.« Vielleicht ist Gelb wirklich die richtige Farbe für mich?

Mir schwirrt der Kopf. Eine Verkehrsampel springt um von der einen Farbe zur anderen. Da taucht das gelbe und grüne Trikot bei der Tour de France auf. Ich sehe unsere Fußballtorwarte in ihren gelb gestreiften Pullovern. Ich denke, dass die sich wohl auf diese Weise psychisch aufbauen, um groß und stark zu erscheinen und um den Gegner zu verängstigen. Früher, als sie noch im grünen Dress auf das Feld liefen, verschmolzen sie mit dem grünen Rasen, wurden fast unsichtbar für den heranstürmenden Gegenspieler. Farben bedeuten sicherlich auch uns Läufern mehr, als uns vielleicht bewusst ist.

»Ja gut, einen gewissen Sinn wird es schon geben, wenn sich die Leute mit den Farben beschäftigen. Aber ist nicht auch ein wenig Hokuspokus dabei? Und muss ich mir wirklich ein neues Trikot kaufen?«

»Dran glauben musst du schon«, meint Brigitte, mit der ich mich noch einmal treffe. Sie hat ihr neues weißes Kostüm an, das sie inzwischen gefunden hat. »Ich weiß jetzt, dass mich alle leuchtenden, klaren Farbtöne stark machen, Gelb, Grün, Blau, während mich Rot schwächt. Hier in diesem Kostüm fühle ich mich einfach pudelwohl.«

Ich will noch wissen, wie die Mitmenschen auf Brigittes Farbbesessenheit reagieren. Peter, ihr Mann: »Ich weiß da zuwenig von.« Sie selbst: »Dass das viele nicht nachvollziehen können, verstehe ich. Die hat 'ne Kappe am Kreisen! Ein klassischer Ausspruch über mich. Aber ich weiß eben, wie wichtig Farben für mich sind.«

»Und wenn ich bewusst ein rotes Trikot trage, um dem Gegner zu schaden?«

»Aber du schwächst dich auch selbst, da beißt du dir ins eigene Bein!«

Es bleibt mir wohl nichts anderes übrig, als das gelbe Trikot zu kaufen. Und vor jeder weiteren Neuanschaffung werde ich mich mit Brigitte treffen müssen, um den Farbtest zu machen.

Ich weiß wirklich nicht, wie alles einmal enden soll.

Hexenkünste sind gefragt

Der Mond hing wie eine große runde Scheibe über dem Horizont und tauchte Bäume und Sträucher in ein milchig weißes Licht. Nebel waberten hoch, wurden vom Wind verweht und zu Fetzen zerrissen.

»Hexenstimmung, wie geschaffen für uns beide.«
»Meinst du?«, fragte sie sanft zurück. Brigittes Augen blitzten mich an, bevor sie ihre langen Wimpern niederschlug.

»Ja, wir wollen uns doch anhören, was mit den Hexen im Mittelalter passierte …«

»Nur weil sie mehr wussten als andere, nur weil sie die geheimnisvollen Kräfte der Natur kannten und weil sie Krankheiten heilen konnten, bei denen es andere lange aufgegeben hatten …«

Brigitte streckte ihre Arme temperamentvoll gegen den Himmel.

»Nimm nicht alles vorweg!«, bat ich sie, »das wollen wir uns doch gleich erst anhören, was damals geschah.«

Wir hatten uns zu einem Vortrag zu diesem Thema getroffen. Als wir den hell erleuchteten Eingangsbereich des Universitätsgebäudes betraten, merkte ich, dass Brigitte zumindest äußerlich voll auf das Thema eingestellt war. Sie sah wild aus. Zu einem langen Rock im Leopardenmuster trug sie einen mit Fell besetzten flauschigen weißen Pullover.

»Das ist Hexenfell!«, beantwortete sie meinen fragenden Blick.
»Nicht von der Katze?«
»Kunstfell natürlich, schon wegen des Artenschutzes. Ich bin ja auch nicht auf dem Besen hierher geritten, sondern mit dem Auto da,

wie du gesehen hast!«

Brigittes Augen leuchteten grün, farblich verstärkt durch grün-blauen Lidschatten und durch einen blauen Lidstrich.

»Du hast ja Hexenaugen!«, entfuhr es mir.

»Ha! Pass auf, dass ich dir nicht einen Hexenschuss verpasse!«

»Nein, bitte nicht! Ich wollte eher mit deinen Hexenkünsten schneller werden!«

»Denk immer an die rote Koralle an deinem Hals. Oder an den geheimnisvollen Bernstein, an den Karneol mit dem eingeritzten Skorpion. Das sind Steine, die dir Kraft geben, die dir helfen, beim Marathonlauf unter drei Stunden ins Ziel zu kommen.« Brigitte sprach sanft und beschwörend auf mich ein, sie kam mir dabei ganz nahe.

»Aber laufen und den Trainingsplan einhalten, den ich mir zusammengestellt habe, das muss ich doch noch selbst«, warf ich ein, um ein wenig Abstand zu gewinnen, »was mache ich nur bei den üblichen Wehwehchen, angefangen vom Muskelkater bis hin zu Ischiasschmerzen oder Adduktorenreizungen?«

»Ein einfaches Rezept weiß ich da, du streichelst die schmerzenden Stellen mit frischen Brennnesselblättern. Das fördert die Durchblutung und hilft mehr und auf natürlichere Art als die vielen Tinkturen und Mittelchen, mit denen ihr Sportler euch sonst immer einschmiert und massiert. Und das stinkt nicht so. Aber jetzt müssen wir die Treppe herauf in den Vortragssaal, sonst kommen wir noch zu spät.«

Ich besorgte schnell eine Flasche Wasser und eine Flasche Bier. Dann quetschten wir uns in eine Bank. Aber wir hatten immer noch ein wenig Zeit, weil es doch nicht ganz so pünktlich anfing.

»Du, dein Schmuck, den du angelegt hast, der fasziniert mich, hat der auch mit dem Hexenthema des heutigen Abends zu tun?«

»Natürlich, alles was ich bin, kannst du auf die Hexe in mir zurückführen.«

»Du weißt, dass ich Hexen mag?«

Brigittes grüne Augen drangen in mich, als ob sie fragen wollten, wie ich das wohl gemeint haben könnte.

12

Magisch laufen

»Mein Schmuck, der stammt aus den Zwanzigerjahren. Modeschmuck damals. Armreifen, Brosche, Ohrringe – alles ausgesuchte Stücke, auf Versteigerungen erworben. Am tollsten ist aber dieser Ring hier, ein Wendering. Ich kann ihn umklappen. Tagsüber leuchtet mir ein Rubin entgegen, nachts ein Saphir.«

»Hexenwerk!«

Ich bewunderte ihren Ring, den sie mir vorführte. Brigitte lachte.

Dann waren wir beide eine ganze Zeit lang weniger fröhlich, als die Rednerin von Frauenschicksalen im Mittelalter berichtete. Da sei der »Hexenhammer« gewesen, das blutigste Buch der Weltgeschichte, von den beiden Dominikanermönchen Heinrich Institoris und Jacob Sprenger verfasst, das die Grundlage der Hexenverfolgungen schuf. In diesem Pamphlet wird dem weiblichen Geschlecht die Verantwortung für alle Zauberei zugeschoben.

Inzwischen haben sich die Verhältnisse geändert. Der moderne Hexenkult zieht wieder viele Menschen an sich. Aus der Hexe ist ein Symbol geworden für Unabhängigkeit und Stärke. Nach einer Meinungsumfrage glauben 93 Prozent der Deutschen, dass es »Dinge zwischen Himmel und Erde gibt«, denen mit Hilfe der Wissenschaften nicht beizukommen ist.

»Brigitte, das Feld ist weit, das du bestellen kannst.«

Wir strebten dem Ausgang des Saales zu, noch ein wenig benommen von dem, was wir gehört hatten, gestoßen und geschubst von den andern, die ebenfalls nach Hause wollten.

»Hast du das noch von den Hexenkünsten im Kopf, was da eben gesagt wurde?«, wollte Brigitte von mir wissen, »denk an die Blütentherapie, an die Duftlampe, an die Kräuter, an all das, was dir als Läufer hilft, vergiss auch nicht den Biorhythmus, nach dem deine beste Zeit zum Wettkampf nachmittags gegen fünf ist, berücksichtige die Mondphasen!«

»Halt an! Du zählst so viel auf, da wird mir schwindelig!«

»Quatsch! Du kannst ja langsam darüber nachdenken. Und jetzt will ich dir noch etwas verraten, was du in das nächste Hexenbrot für Läufer mischen musst, damit es dich schneller macht. Pass auf:

13

Trockenpflaumen, Walnüsse und Haferflocken gehören hinein, wenn du willst, damit es saftiger wird, auch Ananasstückchen. Viel Glück!«

Brigitte stieß mir sanft gegen die Schulter, stürzte sich auf ihren Besen, nein, in ihren Wagen und entschwand. Ich hätte sie gern noch einmal umarmt.

Aber Rainer ist mir immer voraus

Da war die Geschichte von den gereizten Adduktoren. Nachdem ich eine ganze Zeit lang in der Welt herumtelefoniert hatte, bewahrte mich ein Sportsfreund davor, wegen eines Leistenbruchs operiert zu werden. Schmerzende Achillessehne, angeschwollener linker Knöchel, verhärtete Unterschenkelmuskeln, blutunterlaufene Zehennägel, Blasen unter dem rechten Fuß, Blasen auch links.

Aber ich kann klagen, worüber ich will, mein Freund Rainer ist mir immer mindestens um die Länge einer Krankheit voraus. Wenn ich mir einen blauen Zehennagel beim Marathon erlaufen habe, sind bei Rainer die Zehennägel gleich reihenweise abgefallen. Wenn ich eine Blase unter der linken Fußsohle beklage, wird Rainer von einem Fersensporn geplagt. Rainer hatte einen Muskelfaserriss, als sich bei mir ein stechender Muskelkater an der Wade bemerkbar machte. Gegen den Ischiasnerv meines Freundes, der am fünften Wirbel eingeklemmt und entzündet war, konnte ich nur undefinierbare Schmerzen im rechten Oberschenkelmuskel aufbieten. Einfach lächerlich!

»Das sind bei mir die Nervenenden, die an der Bandscheibe austreten«, erläutert Rainer fachmännisch.

»Und ich weiß nicht einmal, was mich quält, nur dass es weh tut«, muss ich zerknirscht zugeben.

Als dann bei den Laufsportfreunden Münsters, unserem gemeinsamen Verein, der Vortrag eines Sportmediziners und Orthopäden auf dem monatlichen Klönabend angekündigt wurde, entschloss ich mich spontan hinzugehen. Denn da könnte ich vielleicht ein wenig aufholen gegenüber Rainer, hoffte ich.

Doktor Dieter Hagen referierte über »Verletzungen und Belastungsschäden beim Laufen«. Er betonte, dass er selbst jogge. »Ich weiß, wie das ist. Wenn ich mal nicht kann, werde ich krank. Da stehe ich nachts senkrecht im Bett!« Uns Läufer teilte er in vier Gruppen ein: den Anfänger mit bis zu 20 Kilometern pro Woche, denjenigen, die 40 bis 80 Kilometer pro Woche laufen, die 80 bis 160 Kilometer pro Woche laufen und schließlich diejenigen, die 180 bis 340 Kilometer laufen, das sei sozusagen die Elite. Probleme gäbe es immer dann, wenn wir von der einen zur anderen Gruppe aufsteigen.

Dass Laufen aber insgesamt gesehen nur relativ wenige typische Verletzungen mit sich bringe, diese Aussage ließ mich hochschrecken. Ich sah Rainer an, guckte ängstlich hinüber zu dem Vereinsvorsitzenden Horst und zu den beiden Lauftreffleitern Günter und Ludwig. Da waren doch immer neue Wehwehchen, mit denen wir es zu tun hatten. Sollten wir uns die etwa allesamt nur einbilden?

Aber dann berichtete Dieter Hagen doch davon, dass wir mit Verletzungen rechnen müssten, wenn wir unsere bisherige Höchstleistung übertreffen wollten, wenn wir glaubten, Laufgegner plötzlich abfangen zu müssen und wenn wir es versäumten, uns aufzuwärmen. Er sprach von dem Knorpel hinter der Kniescheibe, der sich abreibt (»Das tut schon weh beim Zugucken!«) und von der Signalfunktion des Schmerzes. »Habt ihr schon mal was mit der Achillessehne zu tun gehabt? Nein! Okay!« Das klang wie:

»Schade! Da hätte ich euch gern dran behandelt!«

Rainer meldete sich mit einem Schmerz unter der Fußsohle, seinem Fersensporn. »Da kommen wir gleich noch hin, keine Bange!« Zunächst ging es um die gereizte Achillessehne und um den Muskelfaserriss. »Hab' ich alles schon gehabt, ich bin durch!«, kommentierte Rainer. »Du musst erst einmal deinen Krankenschein abliefern!«, brüllte ein Lauffreund von hinten.

Jetzt war ein anderer dran mit seinem schmerzenden Ischiasnerv. »Hab' ich doch auch!« – »Du kannst heiße Möweneier drauflegen, das hilft garantiert!« Da war noch die Rede davon, wie wir mit richtigen

Schuhen und unserem Laufverhalten (»Nicht wie eine eiernde Back-pflaume auf der Innenbahn oder wie Emil Zatopek, die Lokomotive!«) künftigen Schäden vorbeugen oder wie wir sie vermeiden können. Neu für mich war die Information, dass sich nach 14 Tagen erzwungener Laufruhe die antrainierten Beinmuskeln um etwa 20 Prozent zurück-bilden. Also weiterlaufen! Wolfgang meint: »Zum Arzt? Quatsch! Das ist von allein gekommen, dass muss auch von allein weggehen!«

Ein paar Tage später ertappte mich Rainer dabei, wie ich das Wort Hypochonder buchstabierte. Und ein Fragezeichen dahinter setzte.

Er protestierte: »Da kannst du mich nicht einstufen, ich bin kein eingebildeter Kranker. Ich versuche nur, mich selbst zu heilen mit natürlichen Mittelchen. So sitze ich beispielsweise seit einiger Zeit mit der linken Arschbacke auf einem kleinen Buch mit Grundstücks-gesetzen.«

»Wieso das? Sollen da Kräfte fließen?«

»Nein, damit entlaste ich meinen Ischiasnerv.«

Schneller als die Zeit erlaubt

Was wären wir Läufer, wenn es in dieser Welt nicht welche gäbe, die am Rande stehen und klatschen, wenn wir vorbeikommen. Unsere wahren Freunde, liebe Läufer, das sind die, die selbst nicht laufen, die uns laufen lassen und die uns kritisch begleiten.

Carlos. Zum Beispiel. Er hält alle Läufer für bekloppt. Aber heimlich trainiert er selbst, um seinen Bauch wegzukriegen. »Wenn ich sehe, was ihr Läufer alles so esst! Meine Mahlzeiten dagegen sind regelrecht karg. Ich müsste rappeldürr sein, so wie Günter, der Windhund, dem könnt ihr doch ein Halleluja durch die Rippen blasen!«

Günter treffe ich auf der Straße. »Du, ich mag dir gar nicht sagen, wie ich in New York gelaufen bin. Da war am Vorabend Halloween, die Nacht vor Allerheiligen, ein folkloristisches Spektakel rund um den Washington-Square in Greenwich-Village. Das wollte ich unbedingt miterleben. Ich hab' ja nichts getrunken. Ein, zwei Bier. Aber das Stehen in der Menge, dicht gedrängt, eingezwängt. Und dann hatte ich an den Tagen vorher so viel rumzurennen und zu organisieren … Also, ich bin einfach nicht dazu gekommen, mein Rennen zu laufen. Weißt du, allein der Start. Ich hab' auf die Uhr geguckt. Das hat doch bald zehn Minuten gedauert, ehe ich über die Linie kam. Und dann versuchte ich zu überholen. Aber auf der Brücke standen mir die anderen im Weg, die unbedingt pinkeln mussten. Und weißt du …«

Er erzählt mir noch minutenlang, weshalb er nicht und warum er nicht und wieso es überhaupt nicht war, wie er es sich vorgestellt hatte. Ich nicke, lasse erkennen, interessiert zu sein, aber mein fragender

Blick, von ihm vielleicht als bohrend empfunden, bleibt. Schließlich, wie ein Geständnis lässt er es los: »Ja, dann will ich dir auch sagen, dass ich 3:47:33 gelaufen bin.«

Carlos meint: »Ich verstehe das nicht. Jedes Mal könnt ihr stundenlang über eure Zeiten quatschen und drum herum. Dabei müsst ihr doch irgendwann alle Zeiten im Kopp haben. Da ändert sich doch nichts dran. Aber ihr quatscht über eure Zeiten mehr und schneller als die Zeit erlaubt.«

»Hallo Dieter, du hast ja letzten Samstag in Ahlen einen tollen Lauf hingelegt, gratuliere!« – »Ich, ich bin doch gar nicht gestartet. Ich war wohl gemeldet, aber ich bin ja so erkältet.« – »In der Zeitung stand, du hättest…« – »Gut, wenn das in der Zeitung stand, dann kann ich endlich einmal zufrieden sein mit meiner Zeit!«

Aromatherapie für Läufer

Angelika hat's mit den Düften. Auf dem Weg zu ihr bin ich fasziniert von der Farbe des Himmels. Er ist rosa und stahlblau überstrahlt. Es ist die Stunde zwischen Sonnenuntergang und Dämmerung.

Auch Angelikas Wohnzimmer ist in ein magisches Licht getaucht. Gedämpfte Lampen, flackernde Kerzen. »Ich habe das Öllämpchen schon angesteckt. Das soll dich einstimmen.« Angelika empfängt mich in schwarzen Leggins und leuchtend rotem Rollkragenpullover. Die blonde Kräuselfrisur bedeckt teilweise ihre Stirn, die blauen Augen blitzen. »Im Mittelalter wärst du vermutlich als Hexe verbrannt worden.« Wir stoßen mit einem Glas Sekt an. »Ich bin froh, dass die Naturheilkunde wieder ins Bewusstsein gerückt ist«, stellt Angelika fest.

Ob und wie mir als Läufer mit einer Aromatherapie geholfen werden kann, will ich wissen. »Das werden wir sehen«, meint Angelika, »zunächst möchte ich dir sagen, dass die Chinesen bereits vor viertausend Jahren die heilende Wirkung mancher Pflanzen auf Körper und Gemüt entdeckt haben. Ihr Wissen wurde aber immer mehr vergessen. Erst während des ersten Weltkrieges, als es an herkömmlichen Medikamenten mangelte, besann man sich in Frankreich darauf zurück. Ätherische Öle, aus Pflanzen gewonnene halbflüssige bis flüssige Substanzen, werden dabei eingesetzt.«

»Bevor du mir das jetzt weiter erklärst, lass mich eine Frage stellen: Hast du etwas gegen Knoblauch?«

»Nein, natürlich nicht. Das kriegen sogar meine Tiere jeden Tag ins Futter. Aber warum fragst du?«

»Ich hab' heute griechisch gekocht, und wenn du mich jetzt nicht riechen könntest, müsstest du dir ein Butterbrot schmieren, mit Salz bestreuen und mit Knoblauchscheiben belegen. Hier, diese Zehe habe ich extra dafür eingesteckt, die schenke ich dir.«

Angelika lacht. Ihr Hund, ein Rauhaardackel, versteht das wohl falsch und bellt mich an. »Nicht doch, Maxi! Sie mag keine Männer.« Währenddessen ist Paul, der Kater, unter den hellblauen Polstersessel gesaust, auf dem ich sitze. »Da ist er auch vor Maxi sicher. Sonst spielen sie ja miteinander, aber heute sind beide krank. Der Kater hat eine Darmstörung und Maxi ist erkältet. Ich habe ein paar Tropfen Lavendelöl in das Wasserschälchen über der Öllampe gegeben. Das verdunstet langsam. Du riechst es. Lavendel wirkt auf Atemwege und auf den Darm. Außerdem beruhigt es und entspannt. Und das tut es für uns beide.«

Wir sind mitten drin in unserem Thema. Ich erfahre, dass bereits fünf bis zehn Tropfen ätherischen Öls, die dem Wasser in der Verdunsterschale zugesetzt sind, genügen, um das Wohnzimmer entsprechend der gewünschten Wirkung zu aromatisieren. Daneben wäre es möglich, ätherische Öle mit einem so genannten Basisöl zu mischen und damit die Haut einzumassieren, was wohl für uns Sportler besonders geeignet sei, oder aromatische Bäder zuzubereiten, ätherisches Öl zu inhalieren, mit Honig vermischt, in Tee oder Wasser gelöst einzunehmen.

»Was kann ich denn nun konkret tun, um als Läufer mit Hilfe deiner Düfte schneller zu werden?«

»Sei nicht gar so ungeduldig«, tadelt mich Angelika, »du musst schon ein wenig allgemein darüber wissen. Etwa, dass die ätherischen Öle aus Pflanzen gewonnen sein müssen und nicht synthetisch hergestellt sind. Meine Öle kannst du nicht in jedem Laden kaufen.«

»Gut, sehr gut!«, sage ich, um trotz allem ihren Redefluss ein wenig abzubremsen.

»Du bist unmöglich. Also: Ich empfehle dir Sellerie. Das gibt dir Kraft und Durchhaltevermögen und ein weites Herz, das brauchst du als Läufer auch, aber nicht so, wie es hier gemeint ist. Da ist auch der Vetiver, eine Graspflanze aus Indien, Ceylon, Nordamerika, der dich mit den Erdkräften verbindet, aus denen du Regeneration und Stärkung erfährst, er ist etwas für abgehobene Phantasten, die den Kontakt zu ihren Wurzeln verloren haben. Ich meine jetzt nicht unbedingt dich! Aber Vetiver führt den Menschen zurück auf den eigenen Körper und auch auf seine Sexualität. Seine Pflanzenbotschaft lautet: Spür die Kraft, die in dir steckt!«

»Ja, das ist es, was ich brauche: Kraft!«

»Du musst daran glauben!«

»Und ob!«

Ich reiße mich los von den blauen Augen Angelikas, die mich in ihrem Bann halten. Ich lasse meine Blicke schweifen. An den Wänden ihre in Öl gemalten Bilder: Landschaften, Blumen, Collagen, surrealistische Darstellungen, Stillleben. Auf dem Tischchen in unserer Sitzecke ein altes Buch, die »Kleine illustrierte Heiligen-Legende auf jeden Tag des Jahres, ein Paradiesgärtlein mit Blumen aller Art« von 1887, aufgeschlagen ist der 21. Juni mit der Geschichte des heiligen Aloysius Gonzago, 1591 gestorben, der täglich seinen Leib mit Geißel und Bußgürtel gezüchtigt hat. Eine Anspielung auf mich als Läufer?

»Mich plagt seit einiger Zeit eine Entzündung im rechten Knie.«

Ich weiß, dass Angelika auch läuft. Sie nimmt dabei ihren Maxi mit, damit er seinen »Babyspeck« verliert. Im Augenblick machen aber beide eine Pause, weil sich Angelika beim Jazzdance einen Zeh gebrochen hat.

»Für dein Knie, da empfehle ich dir die blaue Kamille, den Lavendel und die Latschenkiefer. Du solltest dir ein entsprechendes Massageöl mischen und damit dein Knie einreiben. Das hilft. Aber du brauchst natürlich auch noch eine Aromatherapie für die Zeit nach einem Wettkampf. Da solltest du es einmal mit Ylang Ylang versuchen, ein Magnoliengewächs, das auf Java, den Philippinen, auf Madagaskar und in Indien vorkommt. Sein Öl schenkt Geborgenheit und Vertrauen, es öffnet die Schranken, hinter denen die Emotionen eingesperrt sind. Lachen, Weinen, alles kann wieder fließen, für alles ist plötzlich wieder Raum und Möglichkeit. Deine Stimmung wird heller, leichter, ausgelassener, manchmal sogar euphorisch. Das Öl verbreitet eine weiche, süße, erotische Stimmung. Seine Pflanzenbotschaft: Lass dich fallen und genieße!«

Habe ich schon gesagt, dass Angelika mit Brigitte befreundet ist, mit Brigitte, die mich dazu verführt hat, meine Körnermischung für das morgendliche Müsli in tagelanger Arbeit auseinander zu pusseln?

Manchmal treffen sich Menschen, denen ist, als ob sie sich schon lange Zeit in die Seele schauen, sie sind auf unerklärliche Weise miteinander verbunden, sie sind Freunde.

Endlich auf dem richtigen Ernährungstrip

Immer, wenn ich Läuferinnen und Läufer neugierig ausfrage und unbedingt wissen will, weshalb sie so erfolgreich sind, reden wir unweigerlich auch darüber, wie sie vernünftig essen und trinken.

Ihr Tag beginnt mit dem Frischkornbrei, morgens früh, weitaus wertvoller als das übliche Müsli, weil die Körner erst am Abend vorher grob gemahlen und in Wasser aufgesetzt wurden. Danach gibt es als Zwischenmahlzeit einen Vollwertsnack, vielleicht so eine dünne Knäckebrotscheibe, bei der es einzig dem aufgeschmierten Honig zu verdanken ist, dass sie beim Hineinbeißen nicht zu Staub zerbröselt, der sich in der Lunge festsetzt, oder ganz einfach einen biologisch gezogenen Apfel. Mittags steht eine Sommer-Quiche aus Blumenkohl, Möhren, Zwiebeln und anderem Gemüse auf einem Ölteig und mit Käse überbacken auf dem Speisezettel. Und abends schließlich wird ein Bratling aus Grünkern und Buchweizen mit einer italienischen Tomatensoße verspeist. Und zu trinken gibt es nur Mineralwasser, Pfefferminztee und gelegentlich auch Hagebuttentee, dem bekanntlich eine erotisierende Wirkung nachgesagt wird. Schon allein deshalb, weil er rot ist. Ob auch Bier erlaubt sei? Mir graust es schon beim bloßen Gedanken an diese Frage.

Dabei weiß ich seit neuestem, dass richtiges Essen und Trinken viel komplizierter ist, als es mir bisher schien. Ich traf Sportsfreundin Brigitte bei Mäc Bio, und seitdem bin ich endlich auf dem richtigen Ernährungstrip.

Brigitte solltest du gesehen haben, zumindest muss ich einmal beschreiben, wie sie auf mich wirkte. Zu den modisch etwas locker geschnittenen Bluejeans trug sie einen royalblauen Pullover, der schon von der anderen Straßenseite zu mir herüber leuchtete. Weiße Söckchen, blaue Pumps. Und dann noch diese blaue Brille, die zum Pullover passte, und ihre lachenden grünblauen Augen. Und das filigranartige Jugendstil-Ohrgehänge, links wie ein Herz, rechts wie ein Tropfen. Brigitte war für mich wie ein Schmetterling in unserer regenverhangenen Stadt.

Wir aßen eine geschmorte Gurke mit Reis und Sommergemüse. Brigitte erzählte mir von den fünf Elementen der Chinesen: Holz, Feuer, Erde, Metall und Wasser, die zusammengenommen Lebenskraft bedeuten.

»Und ich achte immer darauf, dass alles, was ich mir koche, diese fünf Elemente enthält, denn nur dann ist das Essen rund, schmeckt mir gut und ist für mich verträglich. Du kannst dich krank essen, aber du kannst durch richtige Ernährung auch wieder gesund werden.«

»Im Prinzip hast du sicher Recht, aber so abstrakt kriege ich deine Rundernährung nicht in meinen Kopf.«

»Nimm zum Beispiel mein Frühstücksbrötchen aus Weizenmehl, natürlich vom Vollwertbäcker. Das Brötchen ist dem Element Holz zuzuordnen. Ich bestreue es mit ein wenig Kümmel vom Element Feuer, dann folgen Butter und Honig, Element Erde, eine Prise Zimt, Element Metall, und das fünfte Element, das Wasser, ist im Brötchen schon enthalten. Ich bin also rund. Und so schmeckt es mir richtig.«

»Nimmst du denn die einzelnen Zutaten, die fünf Elemente wirklich wahr?«

»Das ist ja so schön daran, dass du nur geringe Mengen, also nur Spuren von den einzelnen Elementen brauchst. So wenig, dass du sie nicht einmal schmeckst. Dein Körper ist überaus sensibel, der registriert alles.«

»Kleine Ursache, große Wirkung. Wie beim Akupunktieren mit den berühmten langen Nadeln?«

»Deren Kräfte von der westlichen Wissenschaft auch lange Zeit geleugnet wurden.«

»Wie aber kriegst du deine Mahlzeiten rund, wenn du unterwegs bist?«

Endlich auf dem richtigen Ernährungstrip

»Dann habe ich immer ein Sortiment der Elemente in der Tasche, an denen es häufig fehlt: Petersilie, wenn das Element Holz fehlt, Kreuzkümmel, Majoran und Kakao für Feuer, Pfefferkörner und Zimt für Metall. Die Elemente Erde und Wasser sind ja meistens vorhanden.«

»Und das, was fehlt, gibst du hinzu?« Ich konnte es mir nicht verkneifen, hinterhältig zu grinsen, denn ich stellte mir vor, wie Brigitte in so einem piekfeinen Schuppen sitzt und das Menü des Dreisterne-Kochs mit Pfefferkörnern traktiert, alle übrigen Gäste bestürzt gucken und der schwarz befrackte Kellner einem Ohnmachtsanfall nahe ist.

»Du musst noch etwas wissen«, fährt Brigitte unberührt fort, »die Chinesen ordnen alles, was sie essen und trinken, nicht nur den fünf Elementen zu, sondern auch noch von Yang bis Yin.«

»Was sagst du?«

»Wobei die Elemente im Yang-Bereich ihre Energie nur langsam abgeben, während alles aus dem Yin-Bereich die Energie sofort weiter gibt.«

»Ich glaub', ich flippe aus! Da habe ich das mit den fünf Elementen gerade kapiert, da kommst du mir mit Yang und Yin!«

»Ja weißt du, wenn das alles so einfach wäre …«

»Trinkst du eigentlich Kaffee?«

Brigitte klimperte mit ihren blau getönten Augenlidern. Als ob sie merkte, dass ich ihr nicht mehr ganz folgen konnte und ablenken wollte.

»Kaffee trinke ich ganz selten. Und wenn, dann mache ich ihn mir rund mit Sahne, Honig und Ingwer, wobei Ingwer etwa in der Mitte von Yang bis Yin steht, also gemäßigt wirkt. Pfeffer, Chili, Zimt, reiner Alkohol, die ebenfalls zum Element Metall gehören, geben ihre Energie schneller weiter.«

»Bis jetzt war ich eigentlich ganz stolz darauf, dass ich es schaffe, mir wenigstens morgens früh meinen Frischkornbrei anzurühren. Dazu habe ich mir extra eine Körnermischung machen lassen in meinem Biohaus: Roggen, Weizen, Gerste, Hafer, Buchweizen. Alles ist drin.«

»Du, ich will dir nicht zu nahe treten, das ist ja schon ganz toll, aber besser wäre es, wenn du immer nur die Kornsorten einzeln essen würdest. Dann sind nämlich die jeweiligen Schwingungen am größten, während sie sich sonst teilweise gegenseitig aufheben.«

Mein Filzschreiber versagte. Brigitte gab mir ihren Füllfederhalter. Türkisfarbene Tinte, passend zum royalblauen Pullover. und zu ihren grünblauen Augen.

    »Körner einzeln essen, schreibe ich mir jetzt auf. Weißt du eigentlich, was das beudeutet? Nein! Dass ich jetzt meine fünf Kilogramm Körnermischung auseinanderpusseln muss. Roggen zu Roggen, Weizen zu Weizen und so weiter. Und wenn du mich in nächster Zeit so wenig siehst, dann liegt das daran, dass ich mich mit meinen Körnern beschäftige.«

27

Endlich auf dem richtigen Ernährungstrip

Knoblauch und Pellkartoffeln

Eigentlich möchtest du ja bei jedem Wettkampf, den du vor dir hast, gut aussehen. Du untertreibst natürlich und sprichst davon, wenn du gefragt wirst, dass es wichtig sei, mitzumachen, dabei zu sein, du faselst was vom olympischen Motto, trainierst aber insgeheim wie wild und bist offen und erkundigst dich sogar nach erprobten Rezepturen und Tipps.

Als ich mich unmittelbar vor meinem ersten 20-Kilometer-Wettlauf befand, der in Sassenberg sein sollte, traf ich meinen Freund Peter mitten auf dem Prinzipalmarkt, der Guten Stube Münsters. Wir umarmten uns. Und wir rieben unsere Stoppelbärte aneinander. »Schade, dass wir uns nicht öfter sehen!«

Wir kamen schnell auf unsere Idee von einem Friedenslauf von Osnabrück nach Münster zum 1200jährigen Stadtjubiläum, 1993, zu sprechen.

»Dass wir uns so wenig sehen, mag an unserem Trainingspensum liegen. Aber jetzt sind wir uns doch über den Weg gelaufen. Und da möchte ich dich ganz spontan nach deinem Erfolgsrezept fragen. Hast du einen heißen Tipp für mich?«

Peter begann damit, mir seine Ernährungsgewohnheiten darzulegen. »Du«, unterbrach ich ihn, »darüber haben wir uns schon 'mal unterhalten. Ich will deshalb konkret werden: »Wenn du morgen die zwanzig Kilometer in Sassenberg laufen müsstest, was würdest du da essen?«

»Also, morgens mein geliebtes Müsli mit Frischkornbrei, wie

immer, du kennst das, und mittags dann Pellkartoffeln, da hast du alles, was du brauchst. Pellkartoffeln! Mein eigentliches Erfolgsrezept! Nicht umsonst haben das früher die Kumpel mitgenommen, wenn sie in den Pütt einfuhren. Das war ein billiges Essen und gab ihnen trotzdem Kraft, Vitamine, Spurenelemente, alles, was sie brauchten.«

»Und danach, was isst du nachmittags? Der Lauf ist erst gegen Abend.« »Alles, was du in den letzten drei Stunden vor dem Start zu dir nimmst, kommt sowieso zu spät. Es belastet dich nur. Ich wiederhole: Pellkartoffeln mittags, ohne Soße, ohne alles, das reicht.«

»Dann gehst du doch hungrig an den Start?«

»Ja, hungrig wie ein Wolf! Genau, so ist es richtig.«

Ich kam auf die segensreiche Wirkung des Knoblauchs zu sprechen. »Darüber können wir doch nicht einfach nur die Nase rümpfen.« Ich erzählte, dass Maurice Mességué, der französische Kräuterexperte, so manchen Radrenner aus einer entmutigenden Formkrise herausgeholfen habe, indem er ihm verordnete, regelmäßig Knoblauch zu essen: roh auf nüchternem Magen, zum Brot, in Scheiben geschnitten, gekocht in der Gemüsesuppe. Ich erinnerte daran, dass Knoblauch ein Geheimnis vieler Männer sei, die als besonders vital gelten, dass es Hexenmeister gibt, die Knoblauch zwischen die Körner ihrer Kampfhähne mischen, damit sie siegen.

»Die Ägypter ließen ihre Sklaven Knoblauch essen, die die Pyramiden erbauten. Mit Knoblauch haben sich im Mittelalter die Diebesbanden vor Ansteckung geschützt, wenn sie die Häuser der Pestkranken ausraubten. Überall, wo regelmäßig Knoblauch gegessen wird, werden die Menschen alt.«

Ich hatte auch noch das Rezept für eine regelrechte Knoblauchkur parat: »Du nimmst eine Literflasche, füllst sie zu einem Drittel mit zerstampftem Knoblauch und zu zwei Dritteln mit möglichst neunzigprozentigem Alkohol, lässt diese Mischung vierzehn Tage in der Sonne stehen, denn die Sonne wirkt Wunder. Danach beginnst du die Kur mit drei Tropfen auf ein Glas warmen Wassers vor dem Mittagessen, steigerst die Dosis täglich um einen Tropfen bis zu fünfundzwanzig Tropfen, danach geht es rückwärts. Solch eine Kur empfiehlt sich mehrmals im Jahr, jeweils im Abstand von einigen Wochen.«

»Etwas kompliziert, meinst du nicht?«, zweifelte Peter. »Du kannst auch zwei oder drei große Knoblauchzehen in Weißwein zerdrücken, einige Tage auslaugen lassen und dann morgens auf nüchternem Magen einen Löffel von diesem Trank schlucken.«

»Ich weiß nicht, irgendwie sind mir meine Pellkartoffeln sympathischer.«

Wir verabschiedeten uns. Mir ging durch den Kopf, wie ich einmal das natürliche und deshalb erlaubte Doping-Rezept meines Kräuter-Papstes Maurice Mességué erprobt hatte:

Tee aus Bohnenkraut, Minze, Rosmarin, Schafgarbe und Salbei, an Tagen, an denen ich meinem Körper besonders viel abforderte, angereichert mit Thymian. Ich sah mich morgens barfuß durch das taunasse Gras unseres Gartens hopsen und die paar Blättchen einsammeln. Ich dachte an Rainer, der mich auf Bananen einschwören wollte: »Da ist reichlich Magnesium, Kalium und Eisen drin, alles, was du brauchst!«

Jetzt musste ich nur noch wissen, was Mäc Bio von all dem meint, mein Freund im Körnerladen an der Hammer Chaussee, der hat ja schließlich dieses zungenbrecherische Fach studiert: Ökotrophologie heißt das.

»Weißt du, die haben alle Recht, auch dein Freund Peter mit seinen Pellkartoffeln, du mit deinem Knoblauch. Ich persönlich würde aber alle Produkte, die aus Getreide sind, vorziehen. Die Bandbreite an Spurenelementen und Vitaminen ist da größer. Und sie werden besser vom Körper aufgenommen.«

Solchermaßen mit klugen Ratschlägen versehen, ging ich an den nächsten Start. Ich lief die zwanzig Kilometer von Sassenberg in 1:20:57, was mir einen ersten Platz in meiner Altersklasse M 50 einbrachte. Ich war mehr als zufrieden.

Doch dann brachten die »Westfälischen Nachrichten« eine Meldung, wonach ich dreißig Kilometer in 1:20:57 gelaufen sei. Der berühmte Druckfehlerteufel hatte zugeschlagen. Ein paar Sportsfreunde riefen mich an und frozzelten: »Wie hast du das nur geschafft? Du musst ja geflogen sein!« Peter gratulierte schriftlich, erwähnte dabei aber sein Pellkartoffel-Rezept nicht mehr.

Zwischen Häme und Bewunderung

»Was, du sitzt zu Hause, wo doch Laufveranstaltungen sind in London und Rotterdam und wer weiß noch wo. Bist du krank?« – »Nein, aber ich kann doch nicht überall dabei sein.« – »Ich dachte, du läufst so gut wie immer.« Der leicht spottende Unterton meines Freundes Johannes ist nicht zu überhören. Ich kann ihn ertragen. Aber da gibt es andere Momente.

Wer kennt das nicht: Du läufst locker und friedlich durch die Landschaft. Und dann brüllen plötzlich Spaziergänger hinter dir her: »Eins und eins und eins und … geht's denn nicht schneller? Junge, mach' mal ein bisschen Dampf!« Das meckernde Lachen wird vom Wind verweht. Mein Freund Rainer erinnert sich, wie ihm hinterhergerufen wurde: »Pass auf, dass du nicht stolperst, deine Schwiegermutter verfolgt dich!« Was ihn furchtbar irritiert hat.

Ich hasse solche Zurufe, aber auch die entgegengesetzten wie: »Brav, mach weiter so!« Wenn ich dabei bin, zu trainieren, möchte ich in Ruhe gelassen werden. Das ist etwas anderes als im Wettkampf, wo mich solche Zurufe durchaus aufmuntern können und unter Umständen sogar neue Kräfte freisetzen.

Als Läufer bist du ständig hin- und hergerissen zwischen der Häme und Bewunderung lieber Mitmenschen. Wer kennt das nicht: Da kann jedermann in Büro krank werden, er wird bedauert. Aber wehe, du als Läufer erlaubst dir eine Grippe oder eine Magenverstimmung. Das ist so, als ob du irgendwo strauchelst, einen Fehler machst. Alle hacken auf

31
Knoblauch und Pellkartoffeln

dir herum. Hühnerhofmentalität. Sie fallen über dich her: »Das habe ich ja immer gesagt. Das kann doch gar nicht gesund sein, dieses verrückte, übertriebene Laufen!«

Aber Freunde, lasst euch nicht beirren, das kann noch schlimmer kommen. Letztlich habe ich meinen Freund Eberhard dazu überredet, mich zu Mäc Bio, in meinen Körnerladen, zu begleiten. Während ich mir von Angela eine Vollwertpizza warm machen ließ, biss Eberhard in ein herzhaftes Sesambrötchen, belegt mit Brennnesselkäse. Als Eberhard plötzlich sein Gesicht zu einer hässlichen Grimasse verzog, ahnte ich schon, was passiert war: er hatte sich einen Zahn kaputt gebissen, und mit den Brötchenresten spuckte er Zahnstücke und eine metallisch blinkende Plombe in seine Hand. Dass mir meine Pizza nicht mehr schmeckte, brauche ich wohl nicht besonders zu betonen.

Aber die Geschichte geht noch weiter. Eberhard schleppte sich zwei Tage so hin mit Schmerztabletten in der Tasche. Als er dann endlich zum Zahnarzt ging, zog der ihm den übrig gebliebenen Rest vom Backenzahn mit entsprechend dicker Wurzel heraus. Abends blutete die Wunde sehr heftig, der Arzt kämpfte stundenlang damit. Und das alles nur, weil ich, der Läufer, Eberhard zu einem gesunden Mittagessen verführen wollte

Mein blöder Sportfimmel war dann auch wohl schuld daran, nach Meinung der Mitmenschen, dass mir wenige Tage später im Hallenbad, als ich die 25-Meter-Bahn im Schmetterlingsstil herunter donnerte, ein Stiftzahn vorn heraus fiel. Natürlich war der Schwimmmeister nicht bereit, das Wasser abzulassen, damit ich meinen Zahn wieder finden konnte. Aber er lieh mir eine Taucherbrille und schaltete die Unterwasserbeleuchtung ein, so dass ich schließlich erfolgreich war und nicht wie ein zahnloser Greis nach Hause schleichen musste.

Ich hätte nicht erleben mögen, wie mich meine Freunde mit ihrem Hohn und Spott überschüttet hätten, wenn die Zahngeschichte anders ausgegangen wäre. »Das kommt alles daher, weil du so viel läufst…«

Hexentanz als Lauftraining

Es könnte der Blocksberg sein. Grelle weiße Blitze durchzucken das schummrige Licht, farbige Spots ergießen sich abwechselnd rot und gelb und blau über die Menschen, Nebelschwaden zischen aus Spalten und wabern hoch, lassen die beleuchtete Skyline von Manhattan nur noch in Umrissen erkennen, verdecken auch die Palmen am idyllischen Sandstrand von Hawaii und den an der Wand hängenden amerikanischen Studebaker. Wir sind in einer Diskothek unserer Tage.

Menschenleiber drängeln auf der asymmetrischen Tanzfläche, springen, hopsen und verrenken sich im Takt der dröhnenden Musik, wetteifern mit den Videoclips auf der Leinwand über ihren Köpfen. Mitten dazwischen Ana, meine Hexe in besonderen Stunden.

Ana tanzt. Sie gibt sich hin, der Welt entrückt, ist ganz eins mit dem orgiastischen Krach ringsum, der nicht nur sie, sondern auch mich als Zuschauer erfüllt. »Du musst die Füße mit dem Ballen aufsetzen und zur Spitze hin abrollen!«, möchte ich ihr zurufen, »so wie du tanzt, wird der vordere Fuß zu sehr belastet.«

Ich denke ans Laufen. Aber ich verkneife mir im Augenblick den Hinweis, weil ich mit ihm sowieso nicht durchdringen kann, auch wenn in meinem Kopf viele kleine Glühbirnen aufblinken, die das Wort »Ermüdungsbruch« signalisieren. Junge Frauen sollen bekanntlich ja besonders gefährdet dein. Und Ana tanzt nicht nur leidenschaftlich, sie läuft auch noch regelmäßig, macht sich nicht bange vor 5000 und 10 000 Metern. Ich muss ihr später einmal sagen, was ich beobachtet habe.

Zwischen Häme und Bewunderung

Ich sitze auf einem Hocker vor der Theke und trinke Bier. Das Bild der tanzenden Menschen vor mir wird überdeckt durch ein anderes: Ana läuft. Am Kanal entlang, auf dem Leinpfad sehe ich sie. Und sie bewegt sich locker, geschmeidig, einer Löwin gleich, auf der Jagd nach Beutetieren. Plötzlich stolpert sie, torkelt. »Du, mir wurde schwarz vor Augen. Die Silhouette der Bäume am jenseitigen Ufer verschwamm. Ich musste mich setzen, suchte eine Bank. Da war ein junger Mann, zufällig, der half mir, stützte mich.«

»Oh, Ana, ich hätte dir auch gern geholfen.«

»Aber du warst ja nicht da ...«

Ana erzählte mir später, dass sie sich habe untersuchen lassen. Ihr Hausarzt hätte einen akuten Eisenmangel festgestellt, dem er mit entsprechenden Präparaten in Pillenform beizukommen versuchte. Damit der Körper Eisen bilden kann und körpereigene Wirkstoffe wie Hormone, Enzyme, Blutfarbstoffe zum Transport des Sauerstoffes von der Lunge zu den Zellen. Ana nahm die Hilfe an, schluckte die Präparate.

»Und dein Hexenrezept von dem rostigen Nagel in einem Apfel, den du zwei Tage einwirken lässt, um dann den Apfel mit Kerngehäuse und allem Drumunddran aufzuessen, hast du nicht angewandt?«

»Doch, aber erst später.«

»Verstehe, du musstest die Äpfel erst klauen, möglichst von einer ökologischen Streuobstwiese. Und hinterher ließ sich nicht mehr einwandfrei feststellen, was dir eigentlich geholfen hat. Waren es die Eisenpillen des Doktors oder die rostigen Äpfel aus der Hexenapotheke?«

»Jedenfalls konnte ich wieder laufen. Recht gut sogar. Um nicht zuzunehmen ...«

»Deine wundervolle schlanke Figur wolltest du uns erhalten!«, unterbrach ich sie.

»Meinetwegen, deinetwegen. Ich aß sehr viel Obst, Gemüse, Salat kein Fleisch, kaum Brot.«

»Also hast du dich recht einseitig ernährt.«

»Ja. Das weiß ich jetzt, aber damals fühlte ich mich sehr wohl dabei ... Bis es mich dann eines Tages wie aus heiterem Himmel erneut erwischte. Natürlich auch diesmal beim Laufen. Ich spürte so eine Kälte am linken Arm hoch steigen, ich fror inwendig. Es war als ob sich meine Kopfhaut spannte. So ähnlich wie bei einer heraufziehenden Grippe. Um mich herum wurde es richtig schummrig. Ich musste mich auf den Boden legen. Ich brauchte Hilfe.«

»Und wieder war ich nicht da!«

»Nein!«

Ana erzählte mir, so sehr verunsichert gewesen zu sein, dass sie sich von ihrem Hausarzt in ein Krankenhaus zur stationären Untersuchung habe einweisen lassen. Dort sei aber auch nach einer Woche nichts, absolut nichts gefunden worden. So dass sie als organisch gesund entlassen werden konnte. Sie sei dann selbst darauf gekommen, dass ihr beim Essen Eiweiß gefehlt hat. Zum Aufbau der Muskeln.

»Mindestens ein Gramm täglich je Kilogramm Körpergewicht. Und seitdem ich darauf achte, geht es mir wieder gut. Ich denke, du sollst das alles wissen, weil dir als Läufer, der noch viel länger auf den Beinen ist als ich, etwas Ähnliches passieren kann.«

»Mir oder anderen Läufern und Läuferinnen.«

Ana hat ihre Krisen überwunden. Jetzt tanzt sie wieder. Ich bin zurück in der Diskothek mit ihrer dröhnenden Musik.

Ich habe lange Zeit nach diesem Blocksberg für unser Hexentreffen gesucht, alte Urkunden im Stadtarchiv entziffert, über verschlüsselte Botschaften gerätselt. Es gab auch Hinweise. Aber überall da, wo sich in grauer Vorzeit die Hexen möglicherweise getroffen haben konnten, waren nun Häuser gebaut, Straßen durchbrochen, ganz neue Räume entstanden.

Irgendwann abends beim Laufen, als ich im Dämmerlicht meine Trainingsrunde drehte, kam mir dann die Idee, dass die Hexen unserer Tage nicht irgendwo, an geheimnisvollen Orten, sondern in der Diskothek zum Tanz zusammen kommen würden. Ich lud sie also ein, meine guten Hexen, die noch wissen, wie Erdstrahlen wirken, was Farben, Gerüche oder Edelsteine ausmachen können, von denen ich die manchmal entscheidenden kleinen Tipps für mein Laufen erhalte, ich lud sie ein zum Tanz: Brigitte, Angelika, Margret, Mechthild und Ana.

Und Ana tanzt, so wie eine Hexe eben tanzt: hingebungsvoll, mit wehenden langen schwarzen Haaren, verzücktem Körper, hochgereckten Armen, die sich im Takt wiegen. Wenn ich ihr nahe genug komme, erhasche ich einen blitzenden Blick ihrer braunen Augen.

»Du, Tanzen, das ist das beste Lauftraining für dich. Es tut deinem ganzen Körper gut. Und dem Geist…«

»Aber Laufen hat die gleiche heilsame Wirkung!«

Ich weiß nicht so recht, ob Ana mich anlacht oder ob sie mich auslacht.

Im Central Park
seine verlorene Seele gesucht

»Go! Peter, go! You 're a good runner! Come with me! Go, Peter! The finish line is near by!« Er hörte es noch am Tag danach, und gleichzeitig die fanatisch mitgehenden Zuschauer rechts und links der Strecke, deren Anfeuerungsrufe ihn ebenfalls vorwärts getrieben hatten: »Go! Go! You are all winners! Yeah!«

Die letzten zwei Meilen im Bereich des Central Parks in New York waren ihm unsagbar schwer geworden. Er musste sich regelrecht schleppen lassen. Vielleicht hatte ihm die sommerliche Hitze von 25 Grad Celsius mehr zugesetzt, als er vertragen konnte, oder er war die Steigungen und Gefällstrecken bei den Brücken und dann hier, nachdem es von der Fifth Avenue in den Park ging, nicht richtig angegangen, vielleicht war er auch nach dem Start zu schnell gelaufen, hatte sich dummerweise mitreißen lassen von den anderen, besser trainierten Männern und Frauen.

Dann war da diese farbige Läuferin im eng anliegenden roten Trikot gewesen, die ihm plötzlich an die Schulter fasste und mit braunen Augen anlachte: »Peter, come on, come with me!« Sie hatte seinen Namen auf seinem T-Shirt gelesen. Das hätte der Grund sein können, um ihn so direkt anzusprechen. Aber ihm war im nachhinein klar, dass bei ihr wohl mehr gewesen sein musste, als sie ihn als weißen Mitläufer neben sich wahr nahm. Er gefällt mir, dieser Mann neben mir, mag sie wohl gedacht haben.

Eine schöne junge Frau. Was hatte sie wohl an ihm gefunden? Sie

Hexentanz als Lauftraining

blieb bei ihm, munterte ihn immer wieder auf mit ihren Worten, während er nur gequält zurück lächeln konnte. »Yeah, I will try it!«
»You are good! Come on!«

Er sah ihre schlanken braunen Beine, die gleichmäßig vom Asphalt zurückfederten, ihre rhythmisch sich bewegenden Arme, die feinen Schweißtropfen, die ihre Haut in der Sonne schimmern ließ, ihr sanftes Gesicht, ihren Mund mit ihren weißen Zähnen, die schmalen Hüften, die sanften Rundungen ihres Körpers, es tat ihm fast körperlich weh, dass seine Gefühle nur noch darauf eingestimmt waren, ans Ziel zu kommen, den New York City Marathon hinter sich zu bringen.

»Go, Peter, go!« Als ich Peter traf, war es am Tag danach, am Montagnachmittag. Wir begegneten uns, als ich mich zu einem leichten Jogginglauf aufgerafft hatte, meinen schmerzenden Muskeln zuliebe. »Nein, das könnte ich nicht, jetzt schon wieder laufen.« Er erzählte mir seine Geschichte, wie ihn die farbige Läuferin ins Ziel gebracht hatte.

»Ich bin jetzt hier, um mir anzugucken, wie das eigentlich aussieht im Zieleinlauf. In meinem Gedächtnis hat sich nur diese braunhäutige Frau mit ihrem sinnlichen Mund und ihren braunen Augen eingegraben.«

Peter hatte einen Fotoapparat dabei. Er holte nach, was er am Vortage beim Marathonlauf nicht wahrgenommen hatte: Den Schwenk nach links beim Central Park South, am Columbus Circle vorbei, wo sonst die Pferdekutschen auf betuchte Fahrgäste warten. Er ließ sich von dem schlanken Wolkenkratzer der Paramont-Communication beeindrucken, sah, wie auf der rechten Seite der Laufstrecke ein paar Arbeiter dabei waren, die Tribüne wieder abzubauen, folgte der blauen Ideallinie, die gerade hier unterbrochen war von dem roten Big Apple-Symbol, das den Asphalt schmückte, er bog ab nach rechts, überquerte ein Stück Rasenfläche, wo ein Dupont-Teppich die Läufer geleitet hatte. Jetzt war der Teppich schon weggeräumt, und nur noch die niedergedrückten Grashalme erinnerten ihn an die fast unzähligen Läufer und Läuferinnen, die hier durchgekommen waren.

Die Ahornbäume, Platanen und Buchen hatten sich gelb und rot und braun verfärbt. Der Wind wirbelte ihre herab fallenden Blätter vor sich her. Es roch nach Fäulnis, nach Herbst. Indiansummer.

Halblinks war Peter auf die Asphaltstrecke im Central Park gegangen. Die Markierung »26 Miles« signalisierte ihm, es fast geschafft zu haben. Hier standen die Zuschauer dicht gestaffelt, sie hatten mitgelitten, fast soviel geleistet wie die Läufer auf der mörderisch heißen Strecke. Ihr ständiges »Go, go, go! You are all winners!« klang ohrenbetäubend. Eine letzte Steigung. Das tat weh in den Muskeln. Dann die Kuppe des Hügels, links »Tavern on the Green«, vom Breakfast-Run und von der Pasta-Party her bekannt, und unmittelbar vor ihm die heiß ersehnte Finish-Line, noch einmal Big Apple, das Gerüst darüber mit der Zeitangabe. Bei 4:14:27 war sie für Peter stehen geblieben. Yeah!

Peter versuchte, den Zieleinlauf nachzuvollziehen. Er kam mir vor, als ob er seine verlorene Seele suchte. Ich erinnerte mich an den Sioux-Indianer, der auf dem John F. Kennedy Airport sein Zelt aufschlug, damit Körper und Seele die Zeit fanden, um wieder zueinander zu kommen.

Bei Peter war es nicht nur die Seele, die er suchte: »Stell dir vor, ich habe auch meinen farbigen Engel aus den Augen verloren. Unmittelbar vor dem Ziel wurden doch die Frauen in die linken Einlaufkanäle gewiesen, wir Männer nach rechts gewinkt. Und danach die lange Strecke, auf der uns besondere Pusher vorwärts drängten, hin zu den Medaillen, den silbern glänzenden Folien, den ersten Getränken. Mein Traum für den Tag danach war weg, zerplatzt wie eine Seifenblase. Traurig blieb ich zurück. Ich habe später die Ergebnisliste in der New York Post hinzugezogen. Der konnte ich nur entnehmen, dass in der gleichen Zeit wie ich eine Frau ins Ziel eingelaufen ist, deren Vornamen mit F beginnt, mit F wie Florence.«

»Du vermisst also nicht nur deine verlorene Seele, sondern auch Florence.«

»Ich möchte Florence finden. Ich glaube, alles Übrige ergibt sich dann von selbst.«

Die Kraft der Bäume nutzen

Ich, mitten zwischen rhythmisch zuckenden Leibern, zwischen sich in den Hüften wiegenden, um sich selbst drehenden und ihre schlanken Körper biegenden Frauen und einzelnen Männern. Die Tanzfläche unter mir, sie glitzert stählern kalt.

Und ich lasse mich mitreißen von der harten Diskomusik, die aus den Lautsprecherboxen dröhnt. Spüre in mir Beat und Hardrock, das Stakkato afrikanischer Trommeln, das vorwärts peitschende Schlagzeug, jubelnde Trompeten und metallisch klingende elektrische Gitarren. Lange vorbei die Zeiten, in denen sich die Geschlechter noch näher kamen beim Tanzen, Körper sich berührten. Jetzt tanzt jeder scheinbar nur für sich allein.

Aber das Bild täuscht. Wer genau hinsieht, kann durchaus noch einzelne Paare erkennen. Etwa an den Klamotten, in die sie sich gezwängt haben, an das gleiche schwarze Leder mit den silbernen Knöpfen. Oder weil sich der Mann und die Frau in den bunten Hawaii-Hemden zur selben Zeit in die Menschenmasse hinein wühlen.

Dass ich nicht allein bin auf der Tanzfläche, ist nicht zu übersehen. Ich werde umgarnt von der guten Hexe Angelika. Sie ist um mich herum, schwebt mal auf dieser Seite, dann auf der anderen Seite von mir. Ihr langer weißer Faltenrock bläht sich dabei auf wie ein Segel, um dann nach einer Drehung in sich zusammen zu fallen. Passend dazu trägt Angelika eine dünne Seidenbluse, und die weißen Turnschuhe an den Füßen machen sie ungemein beweglich.

»Ha! Ich bin eine Hexe!«, ruft sie mir zu.

»Ich weiß«, antwortete ich, »aber ich hab' keine Angst, du meinst es ja gut mit mir!«

»Ha, ha! Ho, ho!«

»Du verfügst über magische Fähigkeiten, arbeitest mit den natürlichen Kräften des Universums, die mir und anderen verschlossen sind.«

Es ist schwierig, hier Worte zu wechseln. Es ist, als ob der Wind sie verweht. Dabei sind es die Diskoklänge, die alles überdecken. Angelika schüttelt ihre blonde Kräuselfrisur. Ihre hellblauen Augen leuchten unergründlich wie ein von der Sonne beschienener Waldsee.

Angelika hat mir vor ein paar Tagen erklärt, was eigentlich das ganze Geheimnis ihres angeblich übernatürlichen Treibens ist. Es ist das Wissen um die natürlichen Kräfte, mit denen sie als Hexe arbeitet. Sie redet mit den Bäumen, die unsere gewaltigen Antennen nach draußen sind und doch unseren Boden zusammen halten. Sie weiß um die Kraft der Planeten, erstellt nicht nur Horoskope, sondern tritt in schönen Ritualen mit ihnen in Verbindung. Hexen wissen schon seit Jahrhunderten, dass »Steine nicht tot, sondern eine zwar einfach strukturierte, aber dafür unglaublich kraftvolle Manifestation von Energie sind«.

»Ich ehre die Erde als unsere Basis, auf der wir hier tanzen. Ich weiß um die endlos vielen Kreisläufe, von denen der Gestirne bis hin zu denen unseres Wassers. Ich habe mir die vielfältig heilende Wirkung der Natur oft zu Nutze gemacht. Denn mir als Hexe wird diese heilende Wirkung besonders geschenkt, weil ich mit meinen Ritualen, Formen und Zeichen die Wege dazu kenne.«

Angelika brüllt mir die Worte in die Ohren, während sie ganz nach an mich herantanzt. In dem Ausschnitt ihrer Seidenbluse baumelt eine dünne Goldkette mit einem milchig durchsichtigen Bergkristall und eine weitere Kette mit einem geheimnisvoll blau schimmernden Achat. So ein wenig wird mir schwindelig. Vom Tanzen und auch von dem, was Angelika mir da erzählt.

Aber es ist ein schönes Gefühl. Mit meiner engen schwarzen Lederhose und dem flatterigen weißen Hemd glaube ich mich in den Kreis der Hexen aufgenommen.

41

Die Kraft der Bäume nutzen

Ich tanze beflügelt vom Jogger-Tee, den ich mir vorhin nach Angelikas Rezept gebraut habe: aus Zitronengras, Hibiscus, Zitronenmelisse, Zitronenverbena und Orangenschalen, gesüßt mit etwas Bienenhonig. Dabei stammen alle Zutaten, die ich nicht selbst sammeln konnte, »am frühen Morgen, wenn die aufgehende Sonne den Tau weggeküsst hat!«, aus einem Bio-Laden.

»Das Rezept solltest du möglichst vielen Läuferinnen und Läufern zugänglich machen, damit wir erfahren, wie es ihnen damit ergeht«, sagt mir Angelika.

Meine Hexe schwirrt ab zur gegenüberliegenden Seite der Tanzfläche, dahin, wo die Leuchtreklame für eine bekannte Zigarettenmarke blinkt. Und während ich ihren biegsamen schlanken Körper mit den Augen verfolge, steht unser letztes Gespräch noch in meinem Kopf.

»Mach dir beim Laufen die kosmischen Kräfte der freien Luft und Natur zu Nutze!«, rät mit Angelika.

»Indem ich tief durchatme?«, frage ich ungläubig.

»Ja, ja, viele Menschen wundern sich über die Kräfte und die Ausdauer etwa von euch Marathonläufern, den Radrennern bei der Tour de France, den Triathleten. Oder guck dir so einen Expeditions-typen wie Reinhold Messner an. Sein Körper strotzt vor Kraft, seine Aura sprüht geradezu! Sie tun alle bewusst oder unbewusst genau das, was auch wir Hexen machen, sie tanken sich auf in der Natur, im Freien.«

»Erklär mir das bitte genauer. So wie ich müssen nun einmal viele Läufer und Läuferinnen tagsüber in einem miefigen Büro sitzen. Da ist nichts mit frischer Luft!«

»Ach, du! Du kapierst auch gar nichts!«, faucht Angelika mich an.

»Bleib doch sachlich!«, bitte ich sie, »wie kann ich von den Geheimnissen und Ritualen aus deinem magischen Leben wissen, wenn du mich nicht regelmäßig mitnimmst zu eurem Hexentanz auf dem Blocksberg.«

»Lass dir helfen«, erklärt mir Angelika nun, langsam, sozusagen zum Mitschreiben, »von Bäumen und Steinen. Versuche deinen Lieblingsbaum zu finden, lehne dich an ihn, berühre ihn mit offenen Handflächen und tanke auf diese Weise seine Kraft, meditiere bei ihm, geh immer wieder hin zu ihm. Bäume haben die Energie der Weisheit in sich. Denk nur daran, wie alt sie werden, etwa die Mammutbäume in Kalifornien mit ihren viertausend Jahren, und an unser Menschenleben, das dagegen wohl sehr begrenzt ist. Jeder Indianer hatte seinen eigenen Baum. Der war für alle positiven Dinge da, zum Kraft tanken, zum Gedankenaustausch, zum Meditieren. Hatte ein Indianer großen Kummer, suchte er sich einen anderen Baum, vertraute ihm. Bäume nehmen uns ja auch die verbrauchte Atemluft ab und spenden uns Sauerstoff.«

»Und welchen Baum empfiehlst du mir?«, frage ich.

»Du brauchst als Läufer einen hohen Baum als Antenne zum Universum. Und außerdem muss er stark und kräftig sein. Eine Buche etwa mit glattem Stamm. Schau dich um!«

»Und was ist dein Lieblingsbaum?«, möchte ich von Angelika wissen. Sie lacht.

»Natürlich die Weide, das ist der eigentliche Hexenbaum. Ich gehe zu einer Trauerweide, wenn ich getröstet werden will. Die Weide gilt allerdings auch als Selbstmörderbaum. Judas soll sich an einer Weide erhängt haben. Eine Korkenzieherweide hat angeblich auch Satan den Weg gezeigt. Im Mittelalter hat die Kirche auch deshalb den Weiden einen schlechten Ruf angehängt, weil Frauen den Weidenblätterextrakt als Verhütungsmittel tranken. Ich persönlich mag Weiden sehr, sie wirken positiv auf mich.«

»Was kannst du mir noch empfehlen?«

»Wenn du keine starke Buche mit ihrer besonderen magischen Bedeutung findest, suche nach einer hohen Pappel oder Linde. Hole dir bei ihnen mit nach oben geöffneten Handflächen neue Energien. Die Linde ist der Liebesbaum, in ihr wohnt die Venus. Wenn du verliebt bist, halte dich bei ihr auf. Der alte Brauch, ein Herz in die Rinde zu schnitzen, hat tatsächlich eine magische Wirkung. Aber auch die Esche hat Liebeskräfte. Ein Eschenblatt am Körper macht dich anziehend. Denk an die Kastanie in der Hosentasche gegen Rheuma und Muskelkater. Vergessen wir die Birke nicht. Ihre Kraft erkennst du schon daran, dass sie auf jedem Untergrund gedeiht. Ihr genügen Felsspalten zum Überleben. Mit Blätterextrakten von Birken kannst du deinen angegriffenen Magen kurieren. Wie kraftvoll Birkenhaarwasser ist, brauche ich nicht groß zu erklären.«

»Nein, nur bei mir wirkt es nicht!«

Ich sehe noch vor mir, wie Angelika zurückhaltend in mein Lachen einfällt.

Ein Schlagzeugwirbel aus den Lautsprechern und die rhythmisch dazu passenden farbigen Spots holen mich zurück in die Diskothek. Aus halb geöffneten Augen erkenne ich Angelika. Sie tanzt um mich herum, betanzt mich sozusagen.

Ach ja, wir sind ja hier auf dem Blocksberg. Angelika kommt ganz nah an mich heran, schreit mir ins Ohr: »Mach alles, was du machst, auch gut!«

»Ja, ja!«, gebe ich gedankenlos zurück.

»Denn sonst bist du im nächsten Leben immer noch dran!«

»Du glaubst also an die Wiedergeburt? Ich sah mich bisher immer als spanischen Kampfstier auf die Erde zurückkommen, freute mich auf mein Leben in freier Natur unter südlicher Sonne.«

»Du hast es dir einfach gemacht. Du bist nun einmal aufgestiegen zum Menschen, und diese Aufgabe musst du bewältigen.«

»Ich muss also in diesem Leben noch den Marathonlauf unter drei Stunden packen?«, frage ich.

»Oder im nächsten Leben!«, antwortet Angelika.

Und dann tanzt sie ganz nah an mich heran, umarmt mich: »Hier, das wird dir helfen! Ein Bergkristall ist das, den habe ich selbst in Graubünden in der Schweiz im Hochgebirge gefunden. Sein positives Schwingungsfeld vermittelt dir die Urkraft der Natur. Nutze sie!«

Sie schwebt davon, entfernt sich von mir. Ich weiß nicht, ob mein lautes »Danke!« sie noch erreicht. Ganz kurz kann ich Angelika mit ihrem weißen Faltenrock und ihrer dünnen Seidenbluse noch auf der gegenüberliegenden Seite der Tanzfläche ausmachen. Dann zischen die Nebelschwaden hoch und entziehen sie meinen Blicken …

Das Drunter und Drüber

»Wichtig allerdings ist auch die sportgerechte Kleidung.« Die Werbefritzen können ja Sprüche kloppen, da bleibt unsereinem glatt die Spucke weg. Aber Antworten auf brennende Fragen?

Soll ich Klamotten anziehen: aus Aquator-Tactel, wo die Innenseite »Feuchtigkeit zur Verdunstung auf die Baumwollaußenseite« transportiert, aus Hind Drylite, wo der Schweiß ebenfalls »nach draußen transportiert« wird, aus Gore-Tex, aus Sympatex, aus Entrant, was »atmungsaktiv, wasserabweisend, wasserundurchlässig, windabweisend, wärmespeichernd und dauerhaft« ist, aus Dorlastan, der »Elasticfaser«, aus Coolmax und Microft? Und dann gibt es da noch die Kollektion Green Cotton aus hundertprozentiger Baumwolle, für »winner of today«, die »wash out«-Baumwolle oder etwa Sprinterhosen aus achtzig Prozent Polyamid und zwanzig Prozent Lycra.

Verwirrend. Oder etwa nicht? Ich hab' da meine Freundin Ulla, die blonde Ulla. Sie ist Modeschöpferin und stellt ihre Kollektion von Cocktail- und Abendmode regelmäßig auf der IGEDO in Düsseldorf und auf der Modewoche in München aus. Sie verarbeitet Seide und Kaschmir und hat viel mit Pailletten im Sinn.

Bevor ich Ulla in ihrem Modestudio besuche, kehre ich in der Kenntoff'schen Weinstube auf der gegenüberliegenden Straßenseite ein. Der trockene Pinot Nero del Veneto aus Italien schmeckt mir besonders gut.

Ich klingele bei Ulla, und ich bin wie immer fasziniert von ihrem Lachen, mit dem sie mir die Tür öffnet, von ihrer exotisch bunten Erscheinung: das lange blonde Haar, die roten Lippen, ihre blauen Augen werden nicht nur von dem passenden Lidstrich, sondern auch von der leuchtend blauen Seidenjacke, der dazu passenden blauen Bluse und den ebenfalls blauen Lackschuhen betont, schwarz-weiß karierte Bermudas trägt sie dazu, ihre hautfarbenen Strümpfe lassen viel Bein sehen.

»Blau wirkt beruhigend auf meine Kunden«, gesteht Ulla mir. Ich merke nichts davon.

Ich lasse meinen Blick rundum schweifen über die blauen, roten, grünen, lila und gelben Kostüme, Kleider und Jäckchen, die seidig glänzen; da sind der alte Eichenschrank mit der Trockenblumengirlande, ein alter Kaffeeröster, hölzerne Papageien und Kakadus, eine blaue Hortensie, ein lustig bemaltes liegendes Schweinchen.

»Schön hast du's hier. Mich zieht immer wieder die leuchtend gelbe Seide an, die glänzt wunderschön. Das ist genau das Gelb…«
»Das dich schneller macht«, unterbricht mich Ulla, »daraus schneidere ich dir noch einmal einen Jogginganzug.

»Für den Friedensmarathon in Moskau. Du weißt ja, dass Gelb nicht nur Bienen und Schmetterlinge anlockt.«

»Ich träume davon, dass Seide die Faser ist für die Welt von Morgen. Ich sehe die kleinen Seidenraupen, die ihren Kokon spinnen. Seide ist Natur und sie könnte bei uns ein neues Naturbewusstsein auslösen.«

Ulla schenkt mir Kaffee ein. Sie bietet mir von dem Vollwertkuchen an, den sie extra für mich besorgt hat. Mir fällt der goldene Schlangenring an ihrem kleinen Finger auf, und am Ringfinger trägt sie gleich drei goldene Ringe, geschmückt mit einem Saphir, einem Rubin und einem Smaragd. Sicherlich irgendwie bedeutsam, aber ich will das heute nicht unbedingt wissen.

»Ulla, hör einmal her: Für manche Disziplinen braucht mein Körper nur Freiheit. Aber in der Belastung des Laufens verlangt er auch Schutz. Was hältst du von den modernen Stoffen?«

»Ach, ich weiß, dass sie den Naturfasern oft überlegen sind. Sie saugen sich nicht voll, sondern transportieren den Schweiß nach außen.

Über allem setze ich aber die Naturseide, die bis zu dreißig Prozent ihres Eigengewichts als Feuchtigkeit aufnehmen kann, ohne sich klamm anzufühlen. Bekleidungsstücke aus Seide kühlen an heißen Tagen und halten warm, wenn es kalt wird. Seide ist angenehm auf der Haut.«

»Aber auch teuer!«, werfe ich ein.

»Weißt du«, beginnt Ulla, die nicht weiß, wie sehr ich es hasse, wenn Aussagen so oberlehrerhaft beginnen, »unsere Designer sind immer unterwegs! Wir geben uns nicht damit zufrieden, durchschnittliche Bekleidung zu konzipieren. Wir bieten den Athleten ein Maximum an Komfort und Funktion.«

»Das ist doch…?«, überlege ich.

»Genau, die Werbeaussage, mit der uns die Kollektion von NEW ZEALAND angepriesen wird.«

»Wer an den Start geht, sollte auf die richtige Ausstattung Wert legen. Denn aufs Drunter und Drüber kommt es an. Auch so ein Spruch. Ich glaube, wir müssen jeder unsere eigene Erfahrung machen. Ich bin jedenfalls von der guten alten Baumwolle abgekommen, die saugt sich voll und wird schwer. Ich schwöre inzwischen auf die neuen Kunststoffe. Aquator Tactel hält die normale Körpertemperatur konstant. Das ist für mich sehr wichtig, weil es diesen gefürchteten Kälteschock nach dem Laufen nicht mehr gibt.«

Ulla hüstelt. Wir Läufer kommen wohl leicht ins Philosophieren. »Für mich als Modeschöpferin ist mit den neuen Stoffen und Materialien natürlich viel mehr möglich. Ich freue mich, dass ihr Läufer inzwischen so bunt und farbenfroh daherkommt.

Ganz plötzlich bin ich irritiert: Da ist ja noch ein Raum mit Kleidern und Kostümen, den hab' ich vorhin gar nicht gesehen, und wieder diese glänzenden, leuchtenden Seidenstoffe, diese Farben.

»Ulla, dein Modestudio ist ja viel größer, als ich dachte!«

»Nein, nein, du täuschst dich nur. Da ist ein Spiegel. Wirf deinen Blick 'mal um die Ecke, so, noch mehr, jetzt kannst du uns beide sehen!«

Oh, nein! Vielleicht habe ich doch zu tief in den roten Wein geguckt. Und das mit dem gelben Jogginganzug aus Seide, das ist wohl auch nur ein Traum gewesen.

Aus Edelsteinen
die Urkraft der Natur

Wieder einmal zusammen mit Angelika, meiner guten Hexe für glückliche Nächte, und auch diesmal auf dem Blocksberg, in der Disco unserer Tage. Sie hat mir von den Bäumen erzählt, deren Kraft ich nutzen soll, aber auch von der Energie, die in Steinen steckt, und heute will sie mir näher erklären, wie ich als Läufer mit den Steinen umgehen soll.

Wir haben natürlich heiß getanzt, uns den Rhythmen der Musik hingegeben. Ich stelle fest, dass ich bei den dröhnenden Klängen aus den Lautsprechern schneller ins Schwitzen komme als etwa bei einem Zehntausendmeter-Trainingslauf. Aber das mag natürlich an meiner etwas anderen Kleidung liegen, an der hautengen schwarzen Lederhose und dem für mich doch ungewohnten weißen Seidenhemd.

Angelika, diesmal mit einem langen dünnen Sommerkleid, hat es da besser, sie kann den kühlenden Wind der Ventilatoren auf ihrer Haut spüren.

»In allen bekannten Hochkulturen wurden Edelsteine nicht nur wegen ihrer Schönheit, sondern auch wegen ihrer heilenden und harmonisierenden Kräfte geschätzt.«

Wir haben uns ein wenig abgesetzt, Angelika und ich, in das Bistro, wo es nicht ganz so laut ist, wo wir zumindest noch unser eigenes Wort hören. Ich kann den verlockenden Düften von Oregano und Knoblauch nicht widerstehen und bestelle mir eine Pizza Hawaii. Angelika hält es eher mit einem bunten Salat mit viel Schafskäse. Sie erzählt mir von ihrem Urlaub in den Bergen, wo sie den Bergkristall für mich fand, dessen positives Schwingungsfeld mir die Urkraft der Natur vermittelt, die ich nutzen soll.

»Edelsteine sind geschaffen aus den Elementen unseres Mutterplaneten, sie verbinden uns mit der schützenden, stärkenden und nährenden Kraft der Erde«, erläutert mir Angelika, »Edelsteine sind Träger des Lichtes in seinen reinsten und natürlichen Farben und Übermittler kosmischer Energien und Eigenschaften, die harmonisierend auf Körper und Geist wirken.«

»Ich nehme Steine gerne in die Hand. Ich versuche, sie möglichst weit weg zu werfen, übers Wasser schliddern zu lassen.«

»Die Liebe zum Stein steckt schon in jedem kleinen Kind.«

»Danke, Angelika! Du weißt, dass ich inzwischen ein wenig älter geworden bin.«

»Komm, mach es dir nicht so schwer! Lass uns tanzen!« Angelika reißt mich von meinem Stuhl hoch, schleppt mich hinter sich her zur lauten und gleißenden Tanzfläche.

Ich lasse mich gerne verführen, spüre die harten Rhythmen in meinem Bauch, sauge mit allen meinen Sinnen die andere Welt hier in mich auf, sehe, wie Angelika sich dreht und mit ihrem Sommerkleid um mich herumschwirrt, lasse mich betören von den anderen Hexen, von Ana, Margret, Mechthild. Der Sinn meines Lebens ist, zu leben.

Irgendwann bist du aber erschöpft. Das ist nicht nur beim Laufen so, das gibt es auch beim Tanzen.

»Puh!«

»Erzähl mir noch ein wenig von den Steinen!«

»Der Stein, der dir helfen soll, schwingt mit dir. Er bereitet dir Freude durch die Kraft seiner Ausstrahlung. Seine positiven Schwingungen laden dein Energiefeld auf. Gerade du als Läufer musst für besondere Leistungen in physischer und psychischer Harmonie leben. Steine, die du an einem Lederband um den Hals trägst oder einfach in die Tasche steckst, verleihen dir diese Harmonie.«

»Entschuldige, Angelika, wenn ich so schnell konkret werde: Welche Steine sind richtig für mich?«

»Zu jedem Menschen passen immer mehrere harmonisierende Steine. Du kannst sie auch zu einem Talisman zusammenstellen.«

»Aha, kann ich nur sagen!«

Angelika überhört den leicht ironischen Unterton. Sie fährt fort:

»Da ist für dich der Granat. Er verleiht dir Antriebskraft, Willensstärke, Selbstvertrauen und Erfolg.«

»Was ich gebrauchen kann.«

»Da ist für dich die rote Koralle. Von ihr kannst du eine lebendig fließende Energie und Kraft empfangen; sie macht dich stabil und flexibel. Der Karneol ist der Stein deines Sternzeichens Skorpion. Der Bernstein schenkt Wärme und Zuversicht. Er zeigt dir, wie du dich im Leben verwirklichen kannst. Er verleiht dir auch eine glückliche Hand bei allen deinen Unternehmungen.«

»Rote Koralle, Karneol und Bernstein mag ich gefühlsmäßig besonders gern.«

»Ja, lass dich von deinen Gefühlen leiten.«

»Und den Bergkristall, den du mir geschenkt hast?«

»Bergkristall führt den Menschen zu einer größeren Ganzheitlichkeit, die die bunte Vielfalt des Lebens harmonisch in sich vereinigt. Er löst Stauungen und Blockaden auf, er verleiht Schutz und schenkt neue Energie.«

»Ich werde auf meine Steine achten.«

»Ja, und vergiss nicht, den Stein, der negative Schwingungen von dir abhält, indem er sie in sich aufnimmt, also ableitet, einmal in der Woche unter fließendem kalten Wasser etwa zwei Minuten lang zu reinigen. Nach der Reinigung kannst du den Stein energetisch aufladen, wenn du ihn für einige Stunden dem Sonnenlicht aussetzt.«

»Auch Steine wollen liebevoll behandelt sein. Wie Pflanzen und Tiere und Menschen!«

»Komm! Wir beide wollen jetzt tanzen, bis die Sonne aufbricht und einen jungen Morgen ankündigt!«

Mein Lauf
in die hungrigen Berge

Sehr viel von dem, was sich wie zufällig ereignet, ist vielleicht doch vorherbestimmt. Und manchmal kommt so viel zusammen, dass du gar nicht anders kannst, als daran zu glauben, wir würden von fern her gelenkt. Jedenfalls erging es mir so, als ich in die hungrigen Berge lief.

Da war plötzlich das Gedicht. Carl Sandburg hat es 1928 in New York veröffentlicht: »Zwischen Nevada und Utah. Schau auf den Marsch der hungrigen Berge. Sie sind kalt und weiß. Sie halten inne. Sie wuschen ihre Häupter in schrecklichen Feuern. Sie erhoben ihre Köpfe in schwere Schneestürme. Weiß, ja weiß sind die Dunstschleier. Und der Wind am frühen Morgen. Weiß sind die hungrigen Berge ...« Als Läufer verband ich mit Bergen bestimmte Erinnerungen, ich dachte daran, wie ich mich da hoch gequält hatte und um wie viel mehr es schwierig war, bergab zu laufen, das ging auf die Kniegelenke, ließ Achillessehnen und Adduktoren schmerzen.

Natürlich werden wir von Bergen herausgefordert. Sie wirken majestätisch auf uns. Doch hier zeigten sie sich in einem anderen Bild!

Ich muss aber zunächst wohl schildern, wie ich überhaupt in die hungrigen Berge geriet. Ich fuhr mit einem Mietwagen durch Kalifornien, wollte auch noch nach Utah, Arizona und Nevada. Auf meiner Route lag Monterey an der Pacific-Küste, ein kleines Fischernest, das durch Cannery Row, seine Straße der Ölsardinen, dank John Steinbeck weltberühmt wurde, da war Big Sur, der langjährige Wohnsitz Henry Millers mit dem kleinen Museum zu seinem Gedächtnis, da waren die

51

Aus Edelsteinen die Urkraft der Natur

großen Nationalparks, die Indianerreservate der Navajo und Hopi, der Grand Canyon, Las Vegas, Death Valley. Zum Abschluss der Reise stand ein Lauf über die Golden Gate Bridge in San Francisco auf dem Programm.

Am Ende der ersten Woche kam ich nach Palm Springs. Das Hotel schien mir gut. Dass aber ausgerechnet in dieser Nacht alle Studenten aus L. A. hier herüber fahren würden, um ihr Frühlingsfest zum ersten Trimesterabschluss des Jahres zu feiern, hatte mir keiner vorhergesagt. Nicht enden wollende Hupkonzerte, aufbrausende Motoren, dröhnende Radios mit heißer Musik, scheppernde Flaschen, Singen, Grölen. Mehrmals wurde ich aufgeweckt, weil das Telefon schrillte. Am anderen Ende der Leitung wurde nur gelacht. Na, ja, so zeigt eben jeder auf seine Weise, wie lustig er ist.

Dabei hatte ich sowieso schon keine guten Nächte mehr. Mir fehlte das Laufen, die regelmäßige Bewegung. Ich schlief senkrecht im Bett, mir zuckten die Muskeln, ich knirschte mit den Zähnen und wollte lossprinten.

Als jetzt auch noch die Studenten die Nacht hindurchlärmten, entschloss ich mich, am Morgen meinen ersten Jogginglauf auf dieser Reise zu machen. Früh um sechs stand ich auf, zog mir die Sportklamotten an, umging die Scherben auf den Treppen und rannte los, zunächst die nun ruhige Hauptstraße entlang, dann bog ich ab in eine Nebenstraße. Rechts und links Millionärsvillen, umgeben von sattem Grün. Rasensprenger drehten sich. Palmen. Swimmingpools.

Ich lief auf die hungrigen Berge zu, an die sich Palm Springs anlehnt. Das ergab sich einfach so, hätte ich damals gesagt. Aber du magst es glauben oder nicht, im Nachhinein bin ich überzeugt davon, dass diese Richtung vorherbestimmt war.

Das konnte ebenso wenig zufällig gewesen sein wie bei der Begegnung von zwei Menschen, die schon nach wenigen Sekunden in ihren Augen lesen, dass da etwas ist zwischen ihnen, das ihren Atem beschleunigt und ihre Herzen schneller schlagen lässt, die auf diese Weise den Gleichklang ihrer Seelen spüren. Als Zufall kannst du es wohl auch nicht abtun, wenn zwei Freunden, die sich versprochen haben, alles miteinander teilen zu wollen, die letzte Prüfung erspart bleibt, weil die angebetete Schöne nicht kommen kann. Oder wenn du dich an einen Tisch im Cafe niederlässt, an dem eine attraktive Frau in dem gleichen Roman von Sten Nadolny über »Die Entdeckung der Langsamkeit« liest, den auch du aus deiner Tasche holst.

Die asphaltierte breite Straße endete am Fuß der hungrigen Berge. Ein holpriger Pfad führte weiter. Ich folgte ihm steil nach oben. Das kostete Luft und ließ mich ganz schön alt aussehen.

Zwischendurch wurde ich aber entschädigt durch den schönen Blick auf Palm Springs. Ich sah rundum die braune, wie tot erscheinende Wüste, durchzogen von den Bändern der Highways, die auf die Stadt, diese grüne Oase mit den vornehmen Wohnsitzen der berühmtesten Filmschauspieler und Geldmagnaten hinführten. Ich musste aufpassen, damit ich nicht über lose Steine stolperte und nicht vom Weg abkam. Kleine weiße Pfeile halfen mir. Aber plötzlich stand ich doch mitten im Felsengewirr und wusste nicht weiter. Zurück? Das wäre sicherlich möglich gewesen, da ich mich als Läufer aber immer nach vorn hin orientiere, schied es aus.

Ich hatte bereits eine ziemliche Höhe erreicht. Mein Ziel, Palm Springs, lag tief unter mir, nicht zu verfehlen. Also begab ich mich ans Klettern, sprang da, wo es möglich war, von einem Felsen auf den anderen, hangelte an schmalen Graten entlang, klammerte mich an dürrem und stacheligem Buschwerk fest, konnte zwischendurch auch wieder einige Meter laufen, wenn ich eine ebene Fläche erreichte, musste an einigen Stellen wieder hochklimmen, kam insgesamt aber immer weiter herunter, der Falllinie nach.

Plötzlich sah ich unter mir auf einem runden, abgeschliffenen Felsbrocken ein blaues Buch liegen, aufgeschlagen mit dem Rücken nach oben. Ich musste mich anstrengen, um dorthin zu kommen. Aber es ging für mich kein Weg daran vorbei.

»Good morning, America«. Ein Gedichtband. Der blaue Leinenrücken, ausgebleicht von der Sonne, war krumm und gewellt. Die Blätter klebten aneinander. Stockflecken von Seite zu Seite. Ganz so, als hätte das Buch seit 1928 hier gelegen. Und wer es seinerzeit gelesen hatte, musste wohl bei dem Gedicht von den hungrigen Bergen aufgehört haben, denn diese Seite wer aufgeschlagen: »... Die ruhelosen grauen Wüsten, die ruhelose salzige See, die ruhelosen Berge, sie denken über etwas nach ... Komm und höre uns zu, sagen die hungrigen Berge, die marschieren, du wirst zwar nichts hören, aber du wirst ein wenig erfahren ...« Natürlich nahm ich das Buch mit. Es hatte schon viel zu lange da gelegen. Ein paar Meter noch, einige abschüssige Felskanten waren zu überwinden. Auf den Straßen fuhren die ersten Autos. Good morning, America! Dass ausgerechnet ich diesen Gedichtband finden durfte ...

Du musst
mit deinem Körper reden

»Weißt du noch, wie du mir damals beigebracht hast, dass Gelb die Farbe ist, die mich stärkt? Wir hampelten auf der Straße vor dem Sportgeschäft herum. Du machtest den Muskeltest mit mir …«

»Ja, und du warst ganz überrascht!« Brigitte lacht. Meine Hexe Brigitte hat sich nicht verändert. Wie immer ist sie modisch und mit Pepp gekleidet. Zur hautengen Jeans trägt sie heute eine weiße Rüschenbluse und eine locker geschnittene Jeansjacke. Ihre Finger glitzern und funkeln.

Wir sitzen im Schucan, dem traditionsreichen Café an Münsters Prinzipalmarkt, sanfter Kerzenschimmer kämpft gegen die hereinbrechende Dämmerung des Spätnachmittages an. Ich tue mich schwer, die Speisekarte zu lesen. Und als die Kellnerin kommt, um unsere Bestellung entgegenzunehmen, frage ich, ob der als Empfehlung des Tages angepriesene Toast tatsächlich vegetarisch und ohne Fleisch sei. Das müsse sie erst nachgucken, wird mir geantwortet. Die Kellnerin stöckelt davon, kommt zurück: »Wenn das da steht, dann ist das auch so!«, sagt sie schnippisch.

Brigitte bestellt den Toast, ich irgendetwas mit Nudeln.

»Noch unfreundlicher geht es wohl kaum. Am liebsten wäre ich aufgestanden und hätte ihr gesagt, sie sollen ihren Toast selbst essen!«

»Nimm es gelassen. Heute ist Vollmond. Da reagieren viele Leute überzogen.« Wir sind beim Thema. Bei den Hexenkünsten. Damals, als

55

Brigitte den Muskeltest mit mir machte, musste sie mir das Wort Kinesiologie noch buchstabieren. Inzwischen weiß ich ein wenig mehr darüber. Dass sich Kinesiologie mit dem Wissen um Bewegung beschäftigt, mit der Bewegung des einzelnen Menschen in der Welt, mit den Bewegungsabläufen im menschlichen Körper. Brigitte hat sich ausbilden lassen, sie ist anerkannte Lehrerin für Kinesiologie und für die Teilbereiche Edukinethik und Touch for Health, und sie gibt Kurse hierin in der Volkshochschule und zur Lehrerfortbildung.

»Nun zu dir!«, sagt Brigitte unvermittelt.

»Ich habe meinen fünfzigsten Marathonlauf in Arolsen vor mir…«

»Was, das ist ja toll!«, jubelt Brigitte.

Einige der anderen Gäste drehen ihre Hälse zu uns herum. Und ein wenig leiser, nur zu mir sagt Brigitte: »Da muss ich erneut den Muskeltest mit dir machen.« Sie zwinkert mir zu: »Wir werden Balanceziele erarbeiten. Denn als Läufer musst du mit deinem Körper reden. Und du wirst sehen, du sollst siegen!«

Ich erkläre Brigitte, dass für mich höchstens eine Platzierung in meiner Altersklasse M 55 möglich sein wird, mehr wäre utopisch.

»Ja, das isses doch!«

Eine Woche später stehe ich vor Brigittes Haustür. Als ich auf die Klingel drücke, ist Brigitte fast gleichzeitig da, weil sie die Eier vom Eierbauern und die biologisch gezogenen Äpfel hereinholen will, die auf der Treppenstufe abgestellt sind.

»Das trifft sich aber gut!« Brigitte küsst mich verstohlen auf die Wange, »komm herein!«

Drinnen ein modern eingerichtetes Wohnzimmer mit ein paar liebevoll ausgesuchten antiken Möbeln, hell und lichtdurchflutet, sich zu einem grünen Wintergarten hin öffnend, so gar nicht an die Behausung einer Hexe erinnernd. Aber ein wütend bellender und hechelnder Rauhaardackel.

»Mickey Mouse, ruhig! Das ist Gottfried. Der Hund mag keine Männer und keine Kinder. Aber der gewöhnt sich schon an dich.«

Dagegen kommt Merlin, die Katze, von alleine auf mich zu, reibt sich an meinen Beinen und schnurrt, als ich sie streichele.

Wir trinken Wasser. Brigitte erklärt mir, dass es bei der Kinesiologie um die Einheit von Körper, Geist und Seele geht. Dabei würde das Wissen aus der traditionellen chinesischen Gesundheitslehre mit altindischen und westlichen medizinischen Erkenntnissen angewandt. Gesundheit und Wohlbefinden würden vom freien Fluss der Lebensenergie im Körper abhängen. Mit der Kinesiologie könne das Energieniveau eines Menschen erhöht oder stabilisiert werden.

»Deine Muskeln sagen mir, über welche Energie sie verfügen.«

Aber bevor sie den Test mit mir macht, bereitet mich Brigitte darauf vor. Ich muss mich aufrecht hinstellen und den rechten Arm zur Seite hin ausstrecken, wobei die Handfläche zum Boden zeigt.

Brigitte fordert mich auf, stark zu sein und drückt den ausgestreckten Arm nach unten. Ich versuche, den Arm in der waagerechten Haltung zu halten. Es gelingt mir.

»Nun sage laut: Nein!«

Brigitte drückt erneut auf den ausgestreckten Arm. Und jetzt gebe ich ihr mit meinem Arm nach.

»Der Muskel schaltet richtig! Das ist gut so!«, erläutert mir Brigitte, »du musst wissen, dass es beim Muskeltest nicht um die reine, muskuläre Kraft geht, sondern um die Energie. Je weniger Kraft beim Test nötig ist, desto besser und sensibler ist das Ergebnis.«

Brigitte testet nun entsprechend der klassischen chinesischen Medizin meine zwölf Meridiane, meine Energiebahnen.

»Meridiane sind unsichtbare Energieströme, die innerhalb und außerhalb deines Körpers verlaufen«, erklärt mir Brigitte, »ist der Energiefluss eines Meridians gestört, entsteht in deinem Energiehaushalt ein Ungleichgewicht. Du fühlst dich schwach, bist schlecht gelaunt oder hast sogar irgendwo Schmerzen. Wir müssen dann die Akupunkturpunkte, die auf den Energiebahnen liegen, durch Nadeln, Massage oder Druck stimulieren. So lösen sich die Energieblockaden auf, die Lebensenergie kann wieder ungehindert fließen.«

57

»Das kommt mir chinesisch vor, was du da sagst!«

»Ist es auch. Die Chinesen besitzen seit Jahrtausenden wertvolle Erfahrungen mit der Akupunktur. Ihnen geht es nicht darum, Krankheiten zu behandeln, sondern die Gesundheit zu erhalten. Deshalb wird ein chinesischer Arzt nur solange entlohnt, wie sein Patient gesund bleibt.«

»Sehr klug so eine Regelung. Das wäre endlich eine Gesundheitsreform, die ihrem Anspruch gerecht würde!«

Brigitte nickt zustimmend, lächelt mich an: »Wir wollen hier doch nicht die große Politik bestimmen, sondern dir helfen, den Advent-Wald-Marathon in Arolsen erfolgreich zu laufen. Lass uns Balanceziele formulieren und aufschreiben.«

Wir überlegen gemeinsam. Ich versuche Brigitte zu erklären, auf was es für mich als Läufer ankommt und welche Probleme sich allgemein und in Hinblick auf die anspruchsvolle Streckenführung über die Berge bei Arolsen ergeben können. Die »Balanceziele für den Marathonlauf in Arolsen« formulieren wir dann gemeinsam:

»– Auch bei Steigungen ist mein Laufstil immer gleichmäßig!
– Auf Gefällstrecken steigere ich mein Lauftempo!
– Ich laufe die Strecke ohne Pinkelpause durch!
– Ich laufe diesen Marathon in weniger als 3 Stunden und 15 Minuten!
– Meine Muskeln und Sehnen sind während des ganzen Laufes locker und unverkrampft!«

Brigitte findet heraus, dass es bei mir eine Blockade auf meinem vorderen Schritt und im Bereich des Nierenmeridians mit zugeordnetem Lendenmuskel gibt. Ich muss die Korrekturpunkte zweimal täglich massieren. Sie liegen auf dem Fuß zwischen dem großen Zeh und dem zweiten Zeh zum einen und zum anderen unter dem Fußballen.

»Du musst dich vor allem auch psychisch auf deinen Marathonlauf vorbereiten. Morgens nach dem Aufstehen und abends irgendwann solltest du ein paar Übungen machen und dir dabei immer wieder einzelne Phasen des Laufs und die Balanceziele vergegenwärtigen, möglichst mit allen Sinnen: Was du dabei hören wirst, was du riechst, was du siehst, was du schmeckst, was du fühlst. Dein Gehirn kann nicht unterscheiden, ob du eine Situation tatsächlich erlebst oder sie dir nur vorstellst.

»Was du dir zu Nutze machst beim Muskeltest!«

»Richtig. Du entwickelst dich zum Meisterschüler!« Brigittes anerkennendes Lächeln stimmt mich froh.

Und dann erklärt sie mir, wie ich einige Minuten lang die positiven Punkte halten soll. Das seien die Stirnbeinhöcker zwischen der höchsten Stelle der Augenbrauen und dem Haaransatz. Ich solle sie mit den Fingerkuppen oder auch mit den flachen Händen halten.

»Dabei die Augen schließen, dich in den Lauf hineinversetzen. Die Stirnbeinhöcker entspannen den Magen, das wirst du spüren, weil sie auf dem Magenmeridian liegen.«

Die Wayne-Cook-Methode, die mir Brigitte dann beibringt, verläuft in drei Phasen. Zunächst muss ich die Beine überkreuz stellen, die Arme nach vorn ausstrecken, die Finger der Hände jeweils nach oben ausrichten, die rechte Hand über die linke legen, die Finger spreizen, die Hände falten, die Ellenbogen durchknicken und die Hände zur Brust hin durchziehen und dort ablegen. Verharren.

In der zweiten Phase muss ich die Beine nebeneinander stellen, die Arme zur Waage nach rechts und links ausstrecken mit der Handfläche nach oben. Ich muss spüren, ob beide Hände gleich schwer und gleich hell sind. Wenn nicht, muss ich die Handflächen aneinander reiben und noch einmal nachspüren.

In der dritten Phase sind die Fingerspitzen der rechten und der linken Hand mit geschlossenen Augen ganz langsam zusammenzuführen, dabei beim Einatmen die Zunge an den Gaumen legen und beim Ausatmen die Zunge leicht nach unten fallen lassen.

Brigitte ist nicht nur freundliche Helferin, sondern auch strenge Hexe. Wir üben alles mehrmals. Die Anleitung formuliere ich mit ihr zusammen. Sie bringt mir noch die »Eule« bei, eine Übung, bei der beide Hände hinter dem Kopf verschränkt sind und der Kopf abwechselnd nach links und rechts gedreht wird, was die Durchblutung der Nackenmuskulatur verstärkt, und sie zeigt mir noch die Wadenpumpe, wobei

59

Du musst mit deinem Körper reden

ich mich gegen die Wand abstütze, mir von Stretchübungen her bekannt.

Höhepunkt unseres Zusammenseins ist aber wohl, als mich Brigitte dazu auffordert, nach nebenan auf die Toilette zu gehen und all die kleinen Teufelchen auszuspucken, die mir im Wege sind. Und in gleicher Weise soll ich auch die Boykotteure lautstark wegschicken.

»Ich tue, was du willst!«

»Gut so!«

»Und du meinst, das hilft?«

»Du musst daran glauben!«

Ich habe mich an Brigittes Hexenrezepte gehalten und bin den Advent-Wald-Marathon gelaufen. 3:26:50 h war meine Zeit. Die widrigen Witterungsverhältnisse mit Schnee und matschigen Wegen machten es allen Läuferinnen und Läufern schwer. In der Gesamtwertung erreichte ich den Platz 89, in meiner Altersklasse den dritten Platz.

»Mein fünfzigster Marathon mit der Startnummer 50 brachte mir nur Glück. Ich erreichte den 89. Platz. In dieser Zahl ist die Acht und die Neun enthalten. Die Acht ist meine Glückszahl, die Neun die Glückszahl meiner Hexe Ana. Und die Quersumme meines Einlaufplatzes 8 + 9 = 17; 1 + 7 = 8 ergibt wiederum mein Glückszahl. Es ist alles gut!«, konnte ich in der überfüllten Twisteseehalle bei der Siegerehrung sagen.

Heinrich Kuhaupt, der rührige Veranstalter dieses zweitgrößten Marathons Hessens, antwortete: »Du läufst offensichtlich nicht nur mit den Beinen, sondern denkst dir auch viel dabei!«

Die Macht des Vollmonds

»Gehe nicht, oh Gottfried, gehe nicht zum Abendtanz, zauberische Mädchen folgen deinen Schritten dort. Weiße Hand wie Schnee braut dir Tee aus Zauberkräutern, trübt den Spiegel deiner Seele wie der Wind den See ...«

Die Anfangszeilen eines Liedes, die mir durch den Kopf gehen. Ich brülle sie meiner Hexe Ana ins Ohr.

»Das klingt wie eine Warnung«, füge ich hinzu.

»Du weißt ja: Was verboten ist, das macht uns gerade scharf! singt Wolf Biermann.«, brüllt Ana zurück und lacht.

Wie immer ist es auf dem Blocksberg sehr schwierig, sich zu verständigen. Die harten Diskorhythmen hämmern dazwischen, reißen Worte auseinander. Während Ana und ich an der Theke bei Bier und Apfelsaft ein wenig verschnaufen, sind meine Hexen Margret und Mechthild noch auf der glitzernden Tanzfläche geblieben, schwirren umeinander zwischen all den anderen Menschenleibern.

Margret trägt zu einem leuchtend roten Body schlichte schwarze Leggings, die ihre langen Beine schön betonen. Die halbhohen Schuhe zum Schnüren geben ihr Halt beim Hexentanz. Sie lacht zu mir herüber: blaue Augen wie ein tiefgründiger See, blutrote Lippen. Die blonde Kurzhaarfrisur lässt sie besonders keck erscheinen. Am rechten Ohr blinkt ein kleiner goldener Mond, links baumelt ein perlenbesetzter Anhänger.

Und da tanzt auch Mechthild. Sie tanzt hingebungsvoll, der Wirklichkeit entrückt. Ihre gekräuselten blonden Haare werden von einem Scheinwerfer in goldenes Licht getaucht. Sie trägt ihre enge schwarze Lederhose, Springerstiefel, ein weißes Rüschenhemd und eine schwarze Seidenweste. Um den Hals hat sie eine schwarze Holzperlenkette. In dieser Kleidung und mit ihren grünen Augen und den lila angemalten Lippen wirkt sie sehr geheimnisvoll auf mich.

Mechthild und Margret glauben an die Kraft des Mondes. Sie sind selbst Läuferinnen. Ich habe von ihnen erfahren, was für mich als Läufer vielleicht wichtig werden kann.

»Du musst wissen, dass der Mond eine ungeheure Kraft hat. Das sind nicht nur die Weltmeere, die er bewegt. Ebbe und Flut, etwa am französischen Atlantik mit bis zu zwölf Metern voneinander entfernt, sorgen dafür, dass die Wassermassen durcheinander gewirbelt werden, die Weltmeere sich noch nicht zu stinkenden Kloaken entwickeln.«

»Der Mond hat aber auch auf dich eine kräftigende Wirkung, vor allem der Vollmond!«, ergänzte Margret.

»Wie meinst du das?«, fragte ich zurück.

»Such dir einmal einen Wettkampf, meinetwegen einen Marathonlauf aus, der bei Vollmond stattfindet. Du wirst erleben, wie ungewöhnlich stark du bist.«

»Aber die anderen doch auch?«, blieb ich skeptisch.

»Die Kraft des Mondes kommt nur über den, der auch daran glaubt. Und die meisten Konkurrenten halten das, was wir hier bereden, doch nur für Hokuspokus.«

Ich erinnerte mich, als ich Mechthild und Margret ansah, dass die alten Chinesen empfahlen, schöne Frauen unterm Mond zu betrachten, das vertiefe die Leidenschaft. Buddha habe bei Vollmond die Klöster verschlossen, hatte ich gelesen, »damit ihm die Mönche nicht ausrissen«. Und nach dem chinesischen »Tao der Liebe« geraten nicht nur die Männer in Wallung: »Der volle Mond lässt die Säfte unruhig werden und macht die Frauen lüstern.«

Nicht nur die Chinesen, auch wir Deutschen haben es mit dem Mond. So unser »Lederjackenpoet« Wolf Wondratschek: »Vollmond ist geil!« Und zweihundert Jahre vor ihm meint der alemannische Dichter

Johann Peter Hebel vermutlich das Gleiche, wenn er dem Mond dafür dankt, dass er dem Zecher nachts »aus dem Wirtshaus« nach Hause leuchtet und freundlich zusieht, »wie die Knaben die Mägdlein küssen.«

Für Johann Wolfgang von Goethe wurde der ferne Trabant zum Tröster, er stimmte ihn milde. In jungen Jahren befasste er sich zusammen mit dem mystischen Fräulein Susanna von Klettenberg »sehr heimlich« mit Aberglauben, Hexenwesen, Alchemie und Mond-Magie. Das schlug sich später nieder im »Faust«: »O sähst du, voller Mondenschein, zum letzten Mal auf meine Pein!«

»Und ihr beiden, ihr, meine tanzenden Hexen?«, fragte ich Mechthild und Margret.

Margret gab spontan zu, bei Vollmond schlecht schlafen zu können, insgesamt einen unruhigen Schlaf zu haben. Sie würde dann die Gardinen vor dem Fenster wegziehen und stundenlang in den Mond gucken.

Mechthild: »Ich muss erst einmal Felix beruhigen.«

»Wer ist Felix?«

»Mein Hund, ein Münsterländer. Er ist jetzt alt, 14 Jahre, aber bei Vollmond wird er immer noch unruhig. Er hat ein bewegtes Leben hinter sich.« Mechthild lachte vielsagend.

»Und du, wie geht es dir bei Vollmond, wenn dein Hund endlich Ruhe gibt?«, fragte ich neugierig nach.

»Ich träume sehr viel, intensiver als sonst. Ich rieche und höre ganz deutlich, was mir im Traum passiert. Einmal träumte ich, jemand käme die Treppe hoch. Ich hörte die Dielen knarren und ihn stoßweise atmen. Ein andermal lief ich barfuß zwischen hohen Bäumen. Ich spürte den feuchten und elastischen, federnden Waldboden direkt unter meinen Fußsohlen. Du magst es glauben oder nicht, ich bin aus dem Bett aufgestanden und habe nachgesehen, wo ich mich wirklich befand.«

»Bei Vollmond bin ich irgendwie aktiver, fühle mich beschwingter«, warf Margret ein, »bist du schon einmal bei Vollmond spazieren gegangen? Da ist es wunderschön hell, du könntest draußen Zeitung lesen.«

»Es ist anders«, widersprach Mechthild, »die Bäume heben sich ab vor dem mit mystischem Licht überschütteten Horizont. Alle Farben sind zu dunklen Pastelltönen geworden. Du kommst ins Träumen. Ein erotisches Licht umgibt dich. Du träumst mit offenen Augen.

Ein Schlagzeugwirbel und die von einer Panflöte getragene Melodie, die mich schon seit Tagen im Autoradio verfolgt, bringen mich zurück auf den Blocksberg, in die Diskothek unserer Tage. Ana taucht aus Nebelschwaden auf. Ich sehe ihre langen schwarzen Haare im Winde wehen. Mechthild und Margret tanzen ganz in ihrer Nähe.

Meine Hexen glauben im Übrigen, dass es nicht richtig ist, wenn der Mond im Deutschen als männlich gilt. Sie möchten ihn zur Luna geschlechtsumwandeln, so wie in vielen anderen Sprachen, denn der Mond sei eigentlich weiblich. Luna symbolisiere geradezu die weibliche Person, wäre die kosmische Entsprechung für Vorgänge im Unterbewussten und ermögliche Aussagen über das Gemüt eines Menschen.

Sie verweisen auch auf den Dichter Matthias Claudius, der ihn zwar in dem populärsten deutschen Gedicht als männlich sah: »Der Mond ist aufgegangen, die goldnen Sternlein prangen am Himmel hell und klar.« Matthias Claudius habe ein andermal Luna angeschwärmt, die »stille glänzende Freundin«. Er wollte sie sogar mit »bloßer Brust« gesehen haben, als eine schnelle Wolke vorüberzog.

»Der gute alte Matthias Claudius«, sage ich zu Ana, als ich ‚mal wieder bei ihr bin. »Waas?«, fragt Ana sichtlich irritiert zurück.

»Wir sollten Marathonläufe nur noch nachts und bei Vollmond machen!«

»Meint das dein Matthias Claudius?«

»Nein, aber das isses!«, sage ich.

»Ich glaube, du spinnst!«, antwortet mir Ana und tanzt davon.

Ich aber habe es plötzlich eilig, will noch vor Mitternacht draußen sein und zum Himmel gucken. Vielleicht lasse ich meinen Hexenbesen, mein Auto, auf dem Parkplatz stehen und jogge nach Hause.

Sonnenblumenöl kauen

Es war wieder einmal nach einer dieser so bedeutungsschweren Vollmondnächte. Ich traf morgens um sieben im Umkleideraum des Sportparks einen Mann mittleren Alters. Waldemar mag er geheißen haben.

»So früh ist es ja noch erträglich bei der augenblicklichen Hitzewelle!«, begann ich ein Gespräch.

»Da lässt es sich noch laufen«, antwortete er, recht einsilbig, wie mir schien.

Doch dann, als hätte er meine Gedanken erraten, sprudelte Waldemar los. Er erzählte mir von seinem Studium, als er, auch wegen der großen Sommerhitze, mit seinen Büchern, mit Kaffee, kalten Getränken und Butterbroten in den Wald gezogen sei und im Schatten großer Buchen sein Pensum erarbeitet hätte. Abends im Seminarraum wären dann die Vorhänge zugezogen gewesen, damit die noch immer goldene Sonne sie nicht nach draußen lockte.

»Ich muss los, sonst wird es zu heiß für die zehntausend Meter!«

Als ich nach etwa fünfzig Minuten zurück war, hörte ich wunderschöne Geigenklänge. Da stand Waldemar mit verzücktem Gesichtsausdruck unter Kastanienbäumen und entlockte seiner Geige diese Töne.

»Wunderbar!« Ich klatschte in die Hände.

»Danke! Es macht mir Spaß, hier unter den Kastanien zu spielen. Das ist eine gute Akustik. Die Geige ist mein Freund, das musst du wissen. Die ist immer dabei.«

65
Die Macht des Vollmonds

Und dann erklärte mir Waldemar, dass er mit seiner Geige verschiedene deutsche Volkslieder auf ihr Tempo hin untersucht hätte, er habe sozusagen mit Geige und Volkslied gejoggt. Dabei wäre herausgekommen, dass beispielsweise »Das Wandern ist des Müllers Lust« nicht etwa ein Fünfkilometertempo erfordere, sondern dass der Müller mindestens sieben, wenn nicht gar acht Stundenkilometer schnell gewesen sei.

Waldemar zeigte mir den Unterschied. Barfuß schritt er über das grüne, vom Tau noch feuchte Gras. »Oh du fröhliche, oh du selige …« Hier wurde er sogar noch ein wenig schneller.

Mit dem Zehntausendmeterlauf in den Beinen, der Begegnung mit Waldemar im Kopf und schönen Geigentönen im Ohr begann ich meinen Büroalltag. Ich fühlte mich gut. Da war zwar die Besprechung um zehn Uhr, vor der ich mich nicht drücken konnte, aber Ana, meine besonders liebe Hexe, hatte mir einen Zettel zwischen die Unterlagen gemogelt, der mir zuallererst in die Augen kam:

»Sind Sie einsam? Sind Sie es leid, alleine zu arbeiten? Hassen Sie es, Entscheidungen zu treffen? – Gehen Sie zu einer Besprechung. Sie können dort Leute treffen, Kaffee trinken, sich wichtig fühlen, Ihre Kollegen beeindrucken, viele bunte Folien zeigen – all dies während der Arbeitszeit. Besprechungen, die praktische Alternative zur Arbeit!«

Bei der Besprechung saß ich dann zufällig, natürlich war es nicht zufällig, neben meiner Hexe Mechthild. Ich stellte mir vor, wie Mechthild auf dem Blocksberg hingebungsvoll, der Wirklichkeit entrückt, getanzt hatte, wobei ihre gekräuselten blonden Haare von einem Scheinwerfer in goldenes Licht getaucht wurden.

»Du, ich habe ein neues Hexenrezept für dich!«, flüsterte sie mir zu, während ein Kollege schlaue Ausführungen zu einem brennenden Verwaltungsproblem machte.

»Lass hören!«

»Sonnenblumenölkauen. Gleich in der Pause mehr darüber.«

Mechthild, erzählte mir, dass sie jeden Morgen nüchtern einen Esslöffel voll Sonnenblumenöl in den Mund nimmt und – während sie in ihrer Wohnung aufräumt, das Frühstück vorbereitet und Sachen zum Anziehen heraussucht – das Öl etwa zehn bis fünfzehn Minuten lang zwischen ihren Zähnen hindurchsaugt, es schlürft und auch kaut. Das Öl sei zunächst dickflüssig, werde dann aber immer dünner. Und wenn sie es im Spülstein ausspucke, sei es nicht mehr goldgelb, sondern weiß wie Milch.

»Du musst wissen, dass die ausgespuckte Flüssigkeit sehr giftig ist, du darfst in keinem Fall etwas davon verschlucken; es ist wichtig, anschließend die Mundhöhle gründlich mit Wasser zu spülen, die Zähne mit der Zahnbürste zu putzen und auch das Waschbecken zu reinigen.«

»Und welchen Sinn gibt dein Hexenrezept?«

»Indem das Öl kleinste Entzündungsherde aus den Mandeln und Schleimhäuten zieht, befreit es den Körper von Bakterien, verschiedenen Krankheitserregern und anderen schädlichen Substanzen, die deine Abwehrkräfte belasten. Das so entlastete Immunsystem kann sich also wieder voll der Abwehr von Krankheitserregern widmen.«

»Das hört sich gut und logisch an.«

»Ist es auch. Ich wende es selbst seit bald zwei Jahren an …«

»Und jetzt erzählst du mir erst davon!«

»Ich war zuerst auch skeptisch. Aber jetzt glaube ich an diese unschädliche biologische Heilmethode, die mir im Übrigen mein Zahnarzt empfohlen hat.«

»Und wo hilft die Methode konkret?«

»Mit ihr, so hab' ich es schriftlich, werden Kopfschmerzen, Bronchitis, Zahnweh, Magengeschwüre, Darmerkrankungen, Herz- und Nierenbeschwerden und Frauenkrankheiten vollkommen ausgeheilt. Die Methode heilt den ganzen Organismus, wobei auf chirurgische Eingriffe und auf das Einnehmen verschiedener Heilmittel mit ihren oft schädlichen Nebenwirkungen verzichtet werden kann.«

»So ganz einfache Krankheiten wie eine Erkältung dürftest du demnach überhaupt nicht mehr haben.«

»Hab' ich auch nicht!«, frohlockt Mechthild und lacht laut. Irgendwer klatscht in die Hände. Unsere Besprechung. Wir haben sie ganz vergessen. Es geht weiter.

Hinterher setze ich mich noch einmal mit meiner Hexe Mechthild in ein Café. Wir rücken unsere Stühle eng aneinander.

67
Sonnenblumenöl kauen

»Kannst du mir das Sonnenblumenölkauen empfehlen?«

»Und ob! Seitdem ich das mache, kann ich besser riechen und schmecken, meine Fingernägel wurden härter, allgemein fühle ich mich besser und frischer und schlafe ruhiger. Dass ich beim Laufen schneller und ausdauernder geworden bin, hast du sicherlich gemerkt! Aber ich bekam auch gleichzeitig einen gesünderen Appetit, ich muss mehr auf mein Gewicht achten.«

»Und wann, nachdem du mit dem Sonnenblumenölkauen angefangen hast, konntest du erste positive Veränderungen feststellen?«

»Schon nach wenigen Tagen verschwand eine Erkältung. Bei chronischen Erkrankungen musst du schon mehr Geduld haben. Da kann es bis zu einem Jahr dauern.«

»Hast du denn auch negative Folgen des Ölkauens festgestellt?«

»Manchmal machte sich eine scheinbare Verschlechterung bemerkbar, auch erhöhte Temperatur. Das war aber immer ein Zeichen dafür, dass die Krankheit schwindet und der Organismus sich erholt.«

»Also insgesamt gesehen ein empfehlenswertes Hexenrezept?«

»Noch etwas fällt mir ein: Auffallend ist, dass lockere Zähne sich festigen, das Zahnfleischbluten unterbunden wird und die Zähne sichtbar weißer werden.«

»Das ist wohl der Grund, weshalb dein Zahnarzt dir das Rezept verschrieben hat?«

Auch in der kühleren Jahreszeit erinnert mich der Löffel goldgelben Sonnenblumenöls an die Begegnungen an einem Sommermorgen: an Waldemar mit seiner Geige und an Mechthilds Hexenrezeptur. Ich bin seitdem nicht mehr krank gewesen. Und da war eine ganze Reihe von Laufwettbewerben, bei denen ich gute Zeiten erzielte.

Heilfasten und Laufen

»Du brauchst doch wirklich nicht mehr abzunehmen.« – »Da ist doch kein Gramm Fett an dir, ich glaube, du spinnst.« Ich erkläre, dass ich mich mit dem jüngsten »Spiegel«-Artikel, der Fasten für Raubbau am Körper hält, auseinandergesetzt habe, dass es mir nicht ums Abspecken, sondern um Entschlacken und Entgiften des Körpers geht, auch um eine neue Erfahrung im Grenzbereich meines Leistungsvermögens. Ungläubiges Kopfschütteln.

Ich will Heilfasten und Weiterlaufen. Ich habe gelesen, dass mal einer am 49. Fasttag seine persönliche Bestzeit über 10 000 Meter gelaufen ist. Ich will nur acht Tage fasten, aber mich immerhin nach weiteren acht Tagen auf die Marathondistanz wagen.

Am Samstag, nach dem 25-km-Lauf der Lauf-Serie in Hamm (1:48:15 Stunden), leiste ich mir noch zwei Plastikbecher warmen Tees. Danach steht Abführen auf dem Programm. Ich trinke 40 Gramm Glaubersalz, in Wasser aufgelöst, und ich wundere mich, wie gut mir das schmeckt. Wahrscheinlich wegen des Schwitzens beim Wettkampf. Am Abend trinke ich noch eine Flasche Mineralwasser, warte auf die Wirkung des Glaubersalzes, verspüre aber nur ein leichtes Rumoren in der Magen- und Darmgegend. Nachts nur leichter und unruhiger Schlaf.

Am Sonntagmorgen laufe ich fünf Kilometer in 27:43 Minuten, sozusagen zum Abgewöhnen. Endlich muss ich auch auf's Klo. Wiege jetzt

63 Kilogramm. Der Wettkampf steckt mir in den Knochen. Zum Frühstück eine Tasse schwarzen Tee mit Honig, mittags gesalzene Gemüsebrühe und gegen Abend den Saft einer ausgepressten Orange. Zwischendurch Spazierengehen, Obstsäfte und Mineralwasser. Ich habe viel Zeit für mich. Abends beginne ich damit, langweiligen Papierkram zu erledigen, was ich schon lange vor mir her geschoben habe, trinke zwei Flaschen Wasser dabei und wundere mich gegen zwölf, dass ich immer noch nicht müde bin. Im Bett werde ich nur langsam warm. Die kalten Füße verhindern, dass ich einschlafe.

Am Montagmorgen leichte Probleme mit dem Kreislauf. Schwarzer Tee, Wasser und ungewöhnlich aktives Arbeiten im Büro bringen mich über die flauen Momente des Tages hinweg. Um vergleichen zu können, will ich ab jetzt nur meine Hausstrecke von 11,5 Kilometern laufen.

Brauche heute 51:25 Minuten und denke unterwegs an Backpflaumen und Orangensaft. Wie bescheiden meine Wünsche doch geworden sind.

Die Waage zeigt 64 Kilogramm, mein normales Gewicht, der Körper hat sich die ausgeschwitzte Flüssigkeit zurückgeholt.

Am Dienstagmittag gehe ich mit Rainer ins Vollwertbistro. Während er eine Sahne-Lauch-Suppe isst, trinke ich frisch ausgepressten Orangensaft, gucke, was bei den anderen Leuten auf dem Teller ist und interessiere mich für die neuen Weine aus ökologischem Anbau. »Da sind einige Flaschen angebrochen, ich kann ihnen gern ein Glas einschenken«, werde ich von einer Serviererin mit roter Schürze angesprochen. »Der darf in dieser Woche nur Saft haben«, antwortet Rainer für mich. Ich lächle, süßsauer. Beim Laufen nachmittags fühle ich mich schlapp und kaputt, muss mich streckenweise richtig quälen. Mit 53:31 Minuten erziele ich die schlechteste Zeit in dieser Woche.

Meine Zeiten an den folgenden Tagen schwanken. Mittwochs brauche ich 50:18 Minuten, donnerstags 48:35, freitags 50:50, samstags 51:43 und sonntags 50:29. Mein Gewicht geht dagegen kontinuierlich herunter bis auf 62 Kilogramm.

Ich fühle mich während der acht Fastentage unterschiedlich. Mal geht es mir euphorisch gut, ich nehme beim Laufen neue Gerüche wahr, spüre Wind, Regentropfen und Schneeflocken ganz anders in meinem Gesicht. Ein andermal hänge ich schlaff durch. Beim Laufen fehlt mir die Kraft. Ich friere häufig. Im Kopf dagegen wird einiges frei. Mir kommen tolle neue Ideen. Ich besuche einen meditativen Vortrag über Gott. Ich träume nachts vom ganz einfachem und natürlichem Essen. Das vielleicht auch wegen der Aufbautage, die noch vor mir liegen, wo ich mit einem Apfel zum Frühstück, mit einem Kartoffel- und Möhreneintopf mittags, mit einer Tomatensuppe und Knäckebrot abends das Fasten breche. Der Körper muss sich nach der Ernährung aus den Körperdepots ganz allmählich umstellen.

Und jetzt bin ich gespannt, wie ich beim Marathonlauf am nächsten Wochenende abschneide.

Ich erreiche die für mich fantastische Zeit von 3:01:27 Stunden und verbessere mich um über 10 Minuten! Die Vorhersagen, irgendwo unterwegs würde ich einbrechen, haben sich in keiner Weise bestätigt. Ich werde sicherlich im nächsten Jahr einen neuen Versuch mit Laufen und Heilfasten machen.

Siegreich mit Blütentherapie

»Hör 'mal«, sagte mir Angelika, »darüber solltest du endlich etwas schreiben, über die Seelentherapie mit Blütenenergien, das ist was für euch Läufer.«

»Vergleichbar mit den Düften, die du mir auch angepriesen hast? Auf der esoterischen Welle hochgespült?«

»Ja, ja, du ahnst das schon richtig. Es geht auch hier um besondere Schwingungen auf seelischer Ebene. Ich will dir von Bachblüten erzählen. Das hat nichts zu tun mit den Blüten von Pflanzen und Bäumen, die am Bach, am Wasser leben, sondern wird zurückgeführt auf den bekannten englischen Arzt Edward Bach. Der hat lange Zeit als Schulmediziner gearbeitet, wurde aber nicht froh dabei. Erst später, in einem homöopathischen Krankenhaus, und als er vor nunmehr sechzig Jahren nach einer einfacheren, natürlichen Heilmethode suchte und die Blütenarzneien fand, begann er glücklicher, gesünder und schöpferischer zu leben.«

»Etwas, das wir alle wollen!«

»Komm zu mir!«

Angelika und ich vereinbarten einen Termin. Unter Mumm-Sekt tut sie es ja nicht, das wusste ich.

»Müssen wir den jetzt trinken?«

»Nein, stell ihn kalt, der ist für dich allein.«

»Ein Bier bei der Hitze, das magst du wohl!«

Angelikas sportlich schlanke Gestalt, betont von den schwarzen Leggings, zu denen der lässig übergeworfene Pullover mit den schwarzen und verführerischen altrosa Streifen kontrastierte, entschwand in Richtung Kellertür.

Ich war allein gelassen mit ihren Tieren. Da war Fiene, der Rauhaardackel, der mich anbellte. Da waren die beiden Kater: der schwarze Anton mit den weißen Pfoten, scheu, immer auf der Flucht, und der neugierige graue Paul, der sich von mir streicheln und kraulen lässt.

Draußen im Garten knabbern zwei wilde Kaninchen, noch ohne Namen, an den Mohrrüben, die Angelika extra für sie eingekauft hat.

Ein »deutsches Märchenbuch« von 1913 liegt auf dem kleinen Tisch am Fenster. Ich blättere darin und stoße, natürlich nicht zufällig, auf ein Wort Goethes, »das so recht das Aufstreben der Natur zum Göttlichen umfasst:« »Die Geisterwelt ist nicht verschlossen. Dein Sinn ist zu – dein Herz ist tot! Auf! Bade, Schüler, unverdrossen, die ird'sche Brust im Morgenrot!«

»Zu den Blumen, die durch die Seele heilen!«, Angelikas blaue Augen blitzen mich an. »Das ist unser Thema.«

»Ich bin mittendrin.«

»Die Blütentherapie hilft, dass wir mit vorübergehend auftretenden negativen, allgemein menschlichen Gemütsstimmungen wie Ungeduld, Kleinmütigkeit, Unsicherheit, Eifersucht umgehen können und sie selbst in den Griff bekommen.«

»Das musst du zweimal sagen, das kriege ich so nicht in meinen Kopp herein!«

Angelika sieht mich von unten herauf an. Ein wenig mitleidig, so scheint es mir.

»Bring das doch bitte auf den Punkt. Und sag' mir, was ich als Läufer mit den Blüten anfange.«

»Ein Glück, dass ich dich so gut kenne und deine Ungeduld richtig einschätzen kann. Also, pass auf: Dieser Doktor Edward Bach glaubte, dass bestimmte wild wachsende Blumen, Büsche und Bäume höherer Ordnung durch ihre hohe Schwingung die Kraft haben, unsere menschlichen Schwingungen zu erhöhen und unsere Kanäle für die Botschaften unseres spirituellen Selbst zu öffnen; unsere Persönlichkeit mit den Tugenden, die wir nötig haben, zu überfluten und dadurch die Mängel auszuwaschen, die unsere Leiden verursachen. Es wäre falsch, ihre Wirkung in direkten Zusammenhang mit körperlichen Krankheitssymptomen zu bringen. Wie schöne Musik oder andere großartige inspirierende Dinge können sie unsere Persönlichkeit erheben und uns unserer Seele näher bringen …«

»Das muss ich mir richtig reinziehen!«

»Du!« Ein Wort nur. Und wieder diese blitzenden blauen Augen Angelikas.

»Die Blütenessenzen schenken uns Frieden und entbinden uns von unserem Leiden. Sie heilen nicht dadurch, dass sie die Krankheit direkt angreifen, sondern indem sie unseren Körper mit den schönen Schwingungen unseres Selbst durchfluten. Keine echte Heilung ohne eine Veränderung in der Lebenseinstellung, des Seelenfriedens und des inneren Glücksgefühls. Achtunddreißig Blüten sind es, die alle negativen Seelenzustände umfassen. Sie stellen ein in sich abgeschlossenes System dar.«

»Nun lass mich einmal ganz konkret werden: negative Gefühle beim Laufen? Da ist vor dem Start diese innere Spannung. Du kannst nachts nicht mehr ruhig schlafen. Immer wieder diese Angst, zu wenig, nicht richtig oder sogar zu viel trainiert zu haben. Du rennst zur Toilette: einmal, zweimal …«

»Ich empfehle dir zunächst einmal Rescue, eine Kombination aus fünf Blütenessenzen, die zusammengenommen das energetische System des Körpers stützen, so dass er sich selbst helfen kann. Vier Tropfen auf ein Glas Wasser oder direkt in den Mund.«

»Das ist aber doch kein Beruhigungsmittel?« frage ich ängstlich.

»Nein, auch kein Doping. Du wirst nur seelisch ausgeglichener, kommst ins innere Gleichgewicht. Die Spannung wird dir nicht genommen.«

»Die brauch' ich nämlich auch!«

»Und dann, unmittelbar vor dem Wettkampf, vier Tropfen der Olivenessenz. Du erinnerst dich vielleicht: Es war ein Zweig dieses Baumes, den die Taube zu Noah brachte als Zeichen für das Ende der Sintflut, dass wieder Ruhe und Frieden auf der Erde einkehrten. Ähnlich ist auch die Blütenessenz Olive mit dem Prinzip der Regeneration, des Friedens und des wieder hergestellten Gleichgewichts verbunden.«

»Du wendest die Blütentherapie auch an bei deinen Tieren?«
Die Frage kommt mir in den Sinn, weil gerade Anton und Paul, die beiden Katzen, hintereinanderher auf den Kletterbaum jagen.
»Sogar meine Pflanzen bekommen Tropfen. Aber ich will dir noch sagen, wie du dich fühlst nach dem Einnehmen der Olive: Du spürst große Kraft und Vitalität, verfügst über scheinbar unerschöpfliche Energiereserven und überlässt dich in Belastungsphasen völlig der inneren Führung und kannst so die größten Anstrengungen mit guter Laune bewältigen.«
»Bravo, das isses!«
Ich klatsche begeistert in die Hände.
Angelika sagt: »Warte!«, und entschwindet in einen Nebenraum.
Ich schütte mein Bier nach.
»Hier, das schenk ich dir: Rescue-Tücher für unterwegs. Wenn du schwach wirst, kannst du deine Stirn und deine Handgelenke damit einreiben, schmerzende Muskeln, Sehnen, Bänder behandeln.«

Wen es noch interessiert, wie mein erster Wettkampf mit Angelikas Blütentherapie war: ich belegte nach den zehntausend Metern von Everswinkel in meiner Altersklasse den Platz eins, bekam den ersten Pokal meines Lebens, eine Trophäe, die ich stolz nach Hause trug …

Hexenkünste gegen Ischiasschmerzen

Während mir mein Hintern brennt wie Feuer, und ich von der einen Pobacke auf die andere hin- und herrutsche, weil ich nicht weiß, wo es mehr weh tut, ob rechts oder links, und es mir im Kopf herumspukt, dass ich als Läufer doch wohl so etwas wie selbstquälerisch verrückte Züge in mir habe, läuft der Film ab von der Geschichte meines Heilungsprozesses.

Ischiasschmerzen hatten mich gepackt. Erst dachte ich ja noch, das sei der Oberschenkelmuskel, eine Zerrung oder so etwas Ähnliches, aber mein Freund Rainer, hinsichtlich unserer Läufer-Wehwehchen mir schon immer um eine Nasenlänge voraus, stellte die messerscharfe Diagnose, dass es sich nur um den Ischiasnerv handeln könne, der mich plage. Er erklärte mir mit vielen Worten und ein wenig umständlich, welchen Verlauf dieser Nerv nimmt.

»So genau will ich das gar nicht wissen«, unterbrach ich ihn, »mir tut's hinten weh, links, vom Beckenansatz über den Po, in den Oberschenkel hinein bis oberhalb der Kniekehle.«

»Ja, das ist er!« Rainer frohlockte förmlich. »Und jetzt? Was soll ich machen?«, fragte ich ihn. »Geh' zum Arzt.«

Doktor Werner Ludtmann verschrieb mir Laserbestrahlung:

»Das sind gebündelte, gleichgerichtete Strahlen, die in den kranken Körperzellen Protonensprünge und Energie erzeugen und damit die Durchblutung fördern.«

»Und das ist wichtig für den Heilungsprozess?«

76

Magisch laufen

»Mit dem Laser können wir nichts falsch machen. Der gleicht die elektrische Energie an den Zellmembranen aus. Ich behandele damit Rheuma, Arthrosen und alle möglichen Sportverletzungen von verstauchten Gelenken über Bänderzerrungen, Bänderüberdehnungen bis hin zu Muskelfaseranrissen.«

Er hatte mir ja schon einmal geholfen, der Doktor und sein Lasergerät. Aber täglich zwanzig Minuten, womöglich über Wochen, das war ganz schön langwierig. Als ich von Gerda übermittelt bekam, dass Angelika mir eine spezielle Salbe anrühren wolle, ging ich freudig auf das Angebot ein und fuhr hin.

Angelika, die blond gelockte Hexe mit den Düften, hatte schon einiges in mir verändert. Rein äußerlich, das fiel mir unterwegs zu ihr auf, war es etwa auf ihren Einfluss zurückzuführen, dass wir im Wagen ein Tontöpfchen aufgehängt hatten, in dem ätherisches Öl der Mischung »Highway«, aus »kostbaren, reinen Essenzen – erfrischend und konzentrationsfördernd«, verdunstete. Im Haus gibt es die verschiedenen Düfte. Und ich glaube inzwischen auch, dass mit der Aromatherapie über die Nase der kürzeste Weg zum Gehirn gefunden ist und deshalb die Wirkung der Öle so besonders intensiv ist.

Ich weiß natürlich auch von der Kraft, die Farben vermitteln und habe mein gelbes Seidenhemd angezogen. Angelika trägt zur schwarzen Hose und entsprechender Bluse eine ebenfalls schwarze Weste, deren Vorderseite jedoch aus bunt glänzenden Seidenflicken zusammengesetzt ist, wobei dunkelblaue und grüne Farbtöne dominierend wirken. Sie lacht mich an. Ich habe ihr einen großen Buchsbaum in einem bauchigen Tontopf mitgebracht.

»Buchsbaum wird seit dem zwölften Jahrhundert als Blutreinigungsmittel verwandt. Er regt die Schweißproduktion an und senkt das Fieber. Er bekämpft Krankheiten, indem er das Blut reinigt. Er gibt den Menschen neue Kraft, um dem Ansturm infektiöser Keime zu widerstehen. Das hab' ich nachgelesen.«

»Toll! Danke!«

»Und welchen Duft verbreitest du da?« Ich zeige hin zu dem Öllämpchen auf dem Tisch.

»Das ist die Fichte, die gibt uns Kraft und Stärke. Für's Rühren.«
Angelika lächelt.

Einen Schluck noch von dem Sekt, den sie uns eingeschüttet hat:
»Auf ein gutes Gelingen!« Dann fangen wir auch schon an.

»Ich gehe davon aus, dass es sich bei deinen Ischiasschmerzen um
eine chronische Erkrankung handelt, aus dem Yin-Bereich, du hast
von Yin und Yang schon gehört in Verbindung mit der chinesischen Er-
nährungstheorie, diese chronische Erkrankung wird mit einer Yang-
Salbe behandelt, das musst du nicht unbedingt verstehen, aber ganz am
Rande mitbekommen, weil wir deshalb eine ungerade Anzahl von ätherischen Ölen verwenden, ich habe Kamille, Lavendel und Terpentin für
dich herausgesucht.«

»Terpentin?«, frage ich.

»Brauchst nicht bange zu sein, nicht dieses stinkende Zeug, das
du vielleicht früher zum Farbenverdünnen oder als Pinselreiniger
gebraucht hast. Hier ist Terpentin auch ein ätherisches Öl, es wird aus
dem Harz einer bestimmten Kiefer gewonnen, wirkt antiseptisch,
durchblutungsfördernd und wird bei Rheuma, Gicht und Neuralgien
verwandt, im psychisch-seelischen Bereich wirkt es gehirnstärkend, fördert klares Denken und belebt den Geist.«

Ich bin beruhigt, rühre auf der elektrischen Kochplatte, Stufe 1, in
einem Glasbecher zwanzig Gramm goldgelbe Bienenwachsstückchen so
lange rechtsherum, bis sie sich aufgelöst haben, dann schüttet Angelika
achtzig Gramm ebenfalls gelbes Jojoba-Öl, das enthält viele Vitamine
und wird von der Haut gut aufgenommen, langsam hinzu, ich rühre
weiter und weiter, Angelika fügt je zwei Tropfen der von ihr ausgesuchten ätherischen Öle hinzu. »Du weißt ja, welche Kraft in diesen
Tropfen steckt! Deshalb darf Salbe auch nur von einem gerührt werden,
der positiv denkt.«

Es riecht angenehm. Der Glasbecher wird in ein kaltes Wasserbad
gestellt, und ich muss noch fünfundzwanzig weitere Minuten rühren;
die bernsteinfarbene Salbe soll zähflüssig, steif werden. Ganz gelingt uns
das allerdings nicht. Vielleicht rühre ich zu schnell oder Angelika hat
das Öl nicht gleichmäßig genug hineingeschüttet…

Später soll ich unsere Hexenkunst noch um eine »bahnbrechende Erfindung« bereichern, indem ich vorschlage, das Salbentöpfchen in den Kühlschrank zu stellen, damit der Inhalt auf diese Weise steif und fest wird. Im Augenblick muss ich die Katze abwehren. Paule ist neugierig und wird von den Gerüchen angelockt, die wir verbreiten. Paule verschwindet im Wohnzimmer, springt auf die Klaviertasten, ein dumpfer Akkord lässt nicht nur uns, sondern auch Maxi, den Rauhaardackel, erschrecken.

»Als du kamst, hat er nicht gebellt, das muss etwas bedeuten.«

Filmschnitt. Nach den theoretischen Erläuterungen meines Freundes Rainer, dem Besuch beim Arzt mit der anschließenden Lasertherapie und dem Salbenrühren bei Angelika folgt ein weiterer Akt: Ich blättere wie zufällig in dem Heilkräuterbuch der Maria Treben und lese bei der Krankheit »Ischias«, dass es hilft, wenn »man mit einer frisch gepflückten Brennnessel ganz vorsichtig und leicht, beginnend von unten nach oben, viermal über die schmerzenden Stellen« streicht. Ich probiere das natürlich aus, am Abend, nach meinem Trainingslauf. Es brennt fürchterlich. Aber dann, nachdem ich geduscht habe, schmiere ich auch noch Angelikas Hexensalbe auf den schmerzenden Bereich. Wen wundert es, dass ich anschließend nicht mehr weiß, wie ich mich hinsetzen soll … und was, einige Tage danach, mich wirklich geheilt hat?

79

Hexenkünste gegen Ischiasschmerzen

Geheimnisvoller Kombucha-Tee

Das Gute, ach, ist oft so nahe. Doch wir sehen es nicht, nehmen es nicht wahr. So war das auch mit dem Kombucha-Tee, als ich erstmals davon hörte.

Gerda erzählte mir, dass Angelika, die Zauberhexe mit den Düften, mit der ich erst kürzlich die Salbe gegen meine Entzündung im Knie und gegen den schmerzenden Ischiasnerv angerührt hatte, und dass die bunt schillernde Brigitte, die mit den Farben, und auch Karola ihn trinken würden.

»Schatz, und jetzt auch noch wir?«

»Wenn du nicht willst, das muss nicht sein.«

So war das damals an mir vorbeigegangen. Und ich erinnere mich auch noch blass daran, wie mir mein Freund Rainer, der mir ja in vielem voraus ist, lang und breit erklärte, dass er und Maria, seine Frau, diesen Tee mit dem Pilz in einem Dreiliterglas züchten, regelmäßig neu ansetzen und trinken.

Erst die smarte Stimme der Moderatorin, die ich im Autoradio hörte, ließ mich aufmerksam werden: »War da nicht immer schon der regelmäßige Ärger beim Jogginglaufen, wenn die Nachbarin fünf Meter voraus und nicht einzuholen ist. Jetzt endlich gibt es eine Chance. Der Kombucha-Tee macht's möglich. Wir sind verbunden mit Professor Doktor G. Simon von der Sportschule der Bundeswehr in Warendorf. Herr Professor …«

Zunächst einmal ärgerte ich mich über diese so flott formulierte

Ansage. Als ob es beim Joggen darauf ankomme, schneller zu sein als andere, womöglich jemanden zu schlagen. Doch dann wurde ich aufmerksam, als es um einen wissenschaftlichen Test ging, bei dem festgestellt wurde, dass sowohl bei kurzfristigem hochdosierten als auch bei längerfristigem normalen Trinken von Kombucha-Tee »positive Veränderungen physiologischer Belastungsparameter und eine Steigerung der maximalen Leistungsfähigkeit zu beobachten und statistisch zu sichern« gewesen sei. Und weiter – wörtlich:

»Das Ausmaß dieser Leistungsverbesserungen um cirka drei bis fünf Prozent ist um so höher zu bewerten, als es sich bei dem Untersuchungsgut um trainierte Personen handelte.«

Als ich an der nächsten Ampel stoppen musste, schrieb ich mir das Stichwort »Kombucha« auf einen kleinen gelben Merkzettel. Und am nächsten Tag, bei Mäc Bio, sprach ich Rainer darauf an.

»Das habe ich dir doch alles schon …«, entgegnete Rainer fast vorwurfsvoll und lächelte dann fein. Ja, ja, aber jetzt sei ich neu darauf aufmerksam geworden, sozusagen sensibilisiert und richtig neugierig.

Rainer war geduldig mit mir. Er erzählte noch einmal davon, dass ursprünglich eine Japanerin bei einem Besuch in Kargasok in Russland von dem Kombucha-Tee und wie er zu behandeln ist, erfahren habe, über Japan sei er nach Europa gekommen, wo er zu kaufen wäre aber eigentlich dadurch verbreitet würde, indem ein Freund ihn an den anderen gäbe. So habe er den Tee über drei Jahre lang regelmäßig getrunken und in dieser Zeit den entsprechenden Pilz, der das eigentliche Geheimnis sei, an wohl dreißig Freunde weitergegeben.

»Irgendwie hört sich das alles furchtbar phantastisch an. Ich möchte endlich wissen, wie das praktisch vor sich geht mit dem Tee!«

»Eine Gebrauchsanweisung fehlt dir also?«

»Nenn es so, wie du willst.«

»Also, du kochst drei Liter Tee: schwarzen Tee, Gutenmorgentee, Nerventee, Kräutertee, Hibiskustee – je nach Geschmack. Für den schwarzen Tee nimmst du pro Liter Wasser einen Teelöffel, von den anderen Sorten zwei Teelöffel und jeweils 100 bis 125 Gramm Zucker. Den schwarzen Tee lässt du fünf Minuten, alle anderen Sorten zehn Minuten ziehen. Dann lässt du den Tee auf Handwärme, etwa 36 Grad, abkühlen, füllst ihn um in ein Dreiliterglas und schüttest Pilzflüssigkeit und Pilz hinzu. Das Glas wird mit einem Leinentuch abgebunden, damit Staub und Insekten ferngehalten werden, und auf den Küchenschrank oder in eine ruhige Ecke gestellt. Nach einer Woche hat sich der Pilz durchgefressen, den Zucker umgesetzt, und das Getränk ist fertig. Du nimmst den Pilz, der obenauf schwimmt, vorsichtig mit ein wenig Flüssigkeit ab. Den übrigen Kombucha-Tee kannst du nun abseihen, in Flaschen füllen und in den Kühlschrank stellen. Neuen Tee kochen, Glas reinigen, Pilz und Flüssigkeit hinzugeben, damit du auch in der übernächsten Woche süßsauren Kombucha-Tee zu trinken hast …«

»Uff, der Meister hat gesprochen!«

»Morgens ein Weinglas auf nüchternem Magen, abends eins vor dem Schlafengehen.«

Rainer hatte noch einen Haufen schriftlicher Erläuterungen, aus denen etwa hervorging, dass der Teepilz verschiedene Stoffwechselprodukte herstellt, die in das Getränk übergehen, wobei vor allem Vitamine, Milchsäure und Glukuronsäure positiv wirken. Im Körper werden Viren, Bakterien, Pilze vernichtet, Schlacken und schädliche Ablagerungen wie Harnsäure und Cholesterin aufgelöst, der ganze Organismus also entgiftet, das Drüsensystem belebt, der Stoffwechsel gefördert, übermäßiger Fettansatz verhindert oder beseitigt. Erfolgreich soll der Kombucha-Tee bei Gicht, Rheuma, Arterio-sklerose, Arthritis, Impotenz, Furunkolose, Nierensteinen und Krebs eingesetzt worden sein. Er soll insbesondere auch die Beinmuskulatur stärken.

Der Ergebnisbericht über die sportmedizinischen Untersuchungen von Professor Simon, der mir überlassen wurde, beschreibt für mich höchst eindrucksvoll, wie Kombucha »zu Veränderungen physiologischer Größen und insbesondere des körperlichen Leistungsvermögens bei gesunden, sportlich aktiven männlichen Personen führt«. Hierzu wurde regelmäßig eine progressive Laufbandergometerbelastung bis hin zur subjektiven Erschöpfung durchgeführt, Herzfrequenz gemessen, Laktatkonzentration untersucht und Blut für Laboranalysen entnommen. Eine Gruppe trank täglich dreimal 200 Milliliter Kombucha, die andere Gruppe dreimal hundert Milliliter. Bei beiden Gruppen war die Leistungssteigerung nachzuweisen.

Einmal war Rainer ja, obwohl sieben Jahre älter, schneller als ich gewesen. Bei der Nacht von Hasbergen. Da hat er sicherlich vorher Kombucha getrunken, sinniere ich vor mich hin, aber das ist natürlich kein wissenschaftlicher Beweis.

»Wie hast du dich allgemein gefühlt damals?«

»Gut, aber das ist wohl immer so, wenn du etwas für dich tust. Maria glaubt, dass ihr der Kombucha-Tee guten Schlaf bringt. Schwager Ludger wurde von Verdauungsschwierigkeiten geheilt. Er weiß auch zu berichten, dass kräftiger Alkoholgenuss keinen Kater aufkommen lässt, wenn er abends oder nachts noch ein Glas Kombucha trinkt.«

Ich sammle weitere Erfahrungen. Angelika: »Ich hab' das nur eine Woche lang durchgehalten. Das soll wie Moselwein schmecken? Ich denke, eher wie Obstessig. Und so sieht es auch aus. Eklig. Und Sabine, die kreischte und schrie laut auf, wenn sie das Glas nur sah.«

Eine einzelne kritische Stimme kann mich nicht mehr irritieren. Ich bin überzeugt vom Kombucha-Tee. »Wie kriege ich nun meinen Pilz?«, frage ich Rainer.

»Lass mich nachdenken und herumfragen.«

Und schon am nächsten Tag rief mich Rainer an. Den Pilz bekäme ich von seiner Schwester Hildegard. Sie würde beim nächsten Neuansetzen eine Schicht für mich abheben. Ich suchte in unserem Haushalt ein Dreiliterglas. Wir hatten so ein altes Bonbonglas, das passte genau. Ich versicherte Gerda, dass sie natürlich auch … Am Montagmittag übergab mir Rainer ein mit Silberpapier umhülltes Marmeladenglas in einer Plastiktüte. Wir tranken Cidre und aßen Zwiebelkuchen. Am Abend kochte ich dann vorschriftsmäßig Tee, ließ ihn abkühlen und legte den Pilz sachte obenauf. Aber, oh Schreck, am nächsten Morgen, als ich neugierig nachguckte, hing der Pilz wie ein nasser Lappen, wie ein abgesackter Pfannenkuchen, unten am Boden.

»Rainer, hör mal, hab' ich etwas falsch gemacht?«

Mein Freund lächelte: »Das ist alles in Ordnung. Warte nur ab.« Tatsächlich bildete sich an der Oberfläche in meinem Dreiliterglas ein neuer Pilz. Der Kombucha-Tee roch süßsäuerlich. Ich trinke ihn jetzt regelmäßig. Der Pilz wächst unaufhörlich. Ich bin überzeugt von seiner positiven Wirkung. Einmal in der Woche gebe ich einem Lauffreund gerne eine Scheibe davon ab. Wenn das dann alle anderen auch so tun, müssten nach dem chinesischen Schachbrettprinzip bald alle Läufer vom Kombucha-Tee profitieren können. Oh, was würden wir schnell …

Wiedergeboren als Läufer

Blanke Tautropfen hängen an den Grashalmen, glitzern im fahlen Licht des emporsteigenden neuen Tages. Auch die Spinnennetze zwischen Büschen und Gestrüpp links und rechts des schmalen Pfades sind wie mit blitzenden Edelsteinen übersät. In den Tälern zwischen sanften Hügeln wabern Morgennebel.

Ich laufe barfuß dem Licht entgegen, spüre die kühle Erde unter mir, nehme unebene Stellen, Holzstückchen und kleine Steine hautnah wahr. Noch versteckt sich die aufgehende Sonne hinter den hohen Pappeln am Horizont, lässt es nur ganz allmählich heller werden. Erst wenn die rote Scheibe sich emporhebt, wenn die Welt purpurn und rosafarben glüht, ist der neue Tag angebrochen.

Dies ist die Stunde, in der die Rehe schon zurückgezogen im dichten Unterholz stehen, in der die Hasen ihre Lauscher aufstellen, um bei der geringsten Störung Haken schlagend davon zu stieben, in der die Igel schlafen gehen und in der mein Freund, der Eichelhäher, der Waldpolizist, seine Wache beginnt. Und auch jetzt, als der Eichelhäher mich als Läufer erkennt, macht er ein riesiges Spektakel, so dass ein Eichhörnchen, das gerade Haselnüsse abrupft, vor Schreck fast aus den Sträuchern fällt und laut lärmend und polternd davon flieht.

Mich kann der Eichelhäher nicht mehr beeindrucken mit seinem Geschrei. Er ist für mich so etwas wie ein Zeichen, dass die Welt noch in Ordnung ist. Jedenfalls morgens vor acht.

Ich laufe, ich laufe in diesen neuen Tag hinein. Immer wenn ich laufe, geht es mir gut.

Warum laufe ich eigentlich?

Ich erinnere mich an einen Nachmittag bei meiner Hexe Angelika. Wir unterhielten uns über Reinkarnation, über die Wiedergeburt. Angelika ist überzeugt davon, dass sie bereits mehrere Leben hinter sich hat, dass ihre Seele wiedergeboren wurde in ihren jetzigen Leib.

»Und auch du wirst schon einiges hinter dir haben«, behauptete sie, »ich frage mich nur, warum du wiedergeboren bist als Läufer.«

»Ja, wenn ich das wüsste!«, gab ich ziemlich einsilbig und nachdenklich zurück.

Da war sie wieder, die Frage. Damals, bei Angelika, hatte ich geantwortet, dass Laufen, regelmäßiges Laufen ganz einfach zu meinem Leben gehört, ein wichtiger Bestandteil meines Tageslaufes ist, was sich für mich ja schon in dem Wort vom Tageslauf widerspiegeln würde.

»Gut, du kannst nicht ohne Laufen, aber du hast noch nicht gesagt, warum du läufst?«

»Welcher Läufer kann diese Frage schon beantworten. Ich will es versuchen.«

Und dann hatte ich Angelika von der Euphorie erzählt, in die hinein ich laufe, von den Endorphinen, die mich mit einem Glücksgefühl überschwemmen, wenn ich lange genug unterwegs bin. Ich hatte ihr das Stichwort »Bewegungslust« gegeben, es als »sich verselbständigte Bewegungslust« präzisiert, von dem gesundheitlichen Aspekt gesprochen, von der Selbstüberwindung, dem Sieg über mich selbst, über Trägheit und Faulheit, von der enormen Fitness, die mir das Laufen schenkt, von der immer wieder kolportierten Erkenntnis, wonach Läufer sexuell potenter sein sollen.

»Und?«, hatte mich Angelika augenzwinkernd unterbrochen.

»Das mag wohl sein, aber ich kann es nicht beweisen, weil ich immer schon laufe.«

»Aber, da ist etwas anderes«, spann ich den Faden weiter, der von der Frage ausging, warum ich laufe, »du musst meinen sportlichen Ehrgeiz sehen. Ich will siegen, auf dem Treppchen stehen, mich in die Gewinnerliste meiner Altersklasse eintragen, meine persönliche Bestzeit übertrumpfen ...«

»Alles richtig, alles falsch! Du brauchst das Laufen für die Weiterentwicklung deiner Seele. Im nächsten Leben wirst du wahrscheinlich nicht mehr laufen.«

»Erschreckende Aussichten sind das ja«, entfuhr es mir damals. Und auch jetzt, wo ich über taufeuchtes Gras in einen neuen Tag hineinlaufe, fröstelt es mich, als ich mir die Begegnung mit Angelika ins Gedächtnis zurückrufe. Die Büsche, links und rechts des Pfades, rücken näher an mich heran. Die Spinnen haben ihre Fäden in der Nacht von der einen zur anderen Seite des Pfades gesponnen. Sie kleben mir im Gesicht und umgarnen mich. Hexenfäden sind das. Ich laufe leichtfüßig dahin und bin doch wieder bei Angelika.

»Weißt du«, hatte sie mir damals gesagt, »die Menschheit ist wesentlich älter, als gemeinhin angenommen wird. Sie baut immer noch am Turm zu Babel. Unsere Seele muss immer wieder neu Fleisch werden und sich verkörpern. Sie kehrt immer wieder in einen Körper zurück, bis sie ihr Ziel erreicht, ihre Entwicklung vollendet hat.«

Angelika hatte mir die Geschichte aus der buddhistischen Tradition erzählt:

»Zwei Schüler beten im Wald, als der Meister erscheint. Einer schaut von seiner Meditation auf und fragt: ›Meister, wie viele Leben muss ich noch leben, bevor ich die Erleuchtung erlange?‹ – ‹Nur noch drei, mein Sohn›, ist des Meisters Antwort. ›Noch drei Leben …‹ wiederholt der enttäuschte Schüler für sich; und er versenkt sich wieder in seine Meditation. Inzwischen tänzelt der zweite Schüler auf seinen Meister zu und stellt ihm die gleiche Frage: ›Wie viele Leben muss ich noch leben?‹ – ›Ich fürchte, noch tausend weitere‹, ist die ernste Antwort. »Noch Tausende!«, ruft der Schüler freudig aus, während er in den Wald davon tänzelt. Und augenblicklich wird er erleuchtet.«

Ich laufe über grünes Gras, das vom Morgentau benetzt ist. Locker tänzelnd musst du dein Leben und das Laufen nehmen, zog ich als Lehre für mich aus Angelikas Erzählung.

»Die Reinkarnation ist eine der ältesten und umstrittensten Philosophien über das Leben in der Welt. Der Glaube, dass die Seele den Tod überdauert und in einem neuen Körper wieder ins Leben zurückkehrt, ist vornehmlich in den östlichen Religionen wie Hinduismus und Buddhismus verbreitet.«

»Vom Christentum irgendwann abgestritten.«

»Obwohl ja auch die Christen die unsterbliche Seele und die Wiederauferstehung kennen. Es gibt eben keinen Sinn, wenn mit dem Tode alles vorbei sein soll!«

An dieser Stelle unseres Gesprächs zitierte Angelika damals ein paar Zeilen von Manfred Kyber:

»Immer wieder und wieder
steigst du hernieder
in der Erde wechselnden Schoß,
bis du gelernt im Licht zu lesen,
dass Leben und Sterben eines gewesen
und alle Zeiten zeitenlos.
Bis sich die mühsame Kette der Dinge
zum immer ruhenden Ringe
in dir sich reiht in deinem Willen ist Weltenwille,
Stille ist in dir – Stille und Ewigkeit.«

»Ist es möglich, dass mein Karma, mein bestimmendes Schicksal gebunden ist an Einflüsse und Wirkungen aus früheren Leben?«, hatte ich damals gefragt.

»Ja, dein früheres Leben ist auch in der Gegenwart zu spüren. Aber, da musst du ganz tief in dich hineinhorchen«, antwortete mir Angelika, »schau aus dem Fenster. Hinten im Garten, beim Nachbarn, liegt ein Haufen toter Birkenstämme. Die Bäume hat der Nachbar erst kürzlich gefällt. Ich hab' versucht, diesen Frevel an der Natur zu verhindern, habe bei der Stadtverwaltung, bei Hinz und Kunz angerufen. Es war nichts zu machen. Dabei standen sie so schön in meinem Blickfeld und wiegten sich im Wind wie junge Mädchen, während ihre Blätter zärtliche Worte wisperten …«

Angelika geriet ins Schwärmen. Fiene, der Rauhaardackel, knurrte böse, denn er spürte, wie sehr sich Angelika erregte.

»Übrigens muss so ein Hund auch regelmäßig laufen. Vielleicht gibt es da eine Seelenverwandtschaft?«

»Du glaubst, dass ich im früheren Leben ein Hund war?«

»Nein, die menschliche Seele wird immer nur in Menschen wiedergeboren. Und darüber hinaus ist es auch so, dass die Seele einer Frau in der Regel wiederkehrt in den Körper einer Frau, die eines Mannes in den Körper eines Mannes. Nur ganz selten wird das Geschlecht gewechselt.«

»Du bleibst also eine Frau und ich ein Mann.«

»Ja, aber ich will dir noch etwas verraten. Mein Ziel ist es, in diesem Leben alles zu erledigen, was von mir verlangt wird. Ich will noch fünfmal wiedergeboren werden …«

Ob ich das will, ob ich in diesem Leben auch alle Aufgaben erfüllen kann? Ich fühle, dass ich noch ganz viel laufen muss, um mein Ziel zu erreichen. Und die Birken am Wegrand, die sich gerade jetzt ganz leicht im Morgenwind wiegen, werden noch viele Jahre stehen bleiben müssen.

Hilfreiche Zen-Meditation

»Zen ist eine Übung, die darauf zielt, das Leben als Übung zu betrachten!« Oder, weniger verklausuliert ausgedrückt: eine jahrhundertealte, aber dennoch äußerst zeitgemäße japanische Methode, die auf Selbstentfaltung zielt.

»Zen, das ist auch etwas für dich als Läufer«, hatte mir Angelika erklärt, wohl wissend, dass ich immer noch nach geheimnisvollen und wunderlichen Laufrezepten suche.

Als ich zuletzt Angelika besucht hatte, haben wir gemeinsam Salben zusammengebraut. Ein andermal ging es um Reinkarnation. Jetzt also war Zen angesagt.

Angelikas Rauhaardackel Fiene bellt mich laut und ärgerlich an, als ich durch die Wohnungstür komme.

»Eigentlich müsste sie dich doch kennen, aber als Frau hat sie wohl besondere Probleme mit den Männern!«

Angelikas Katzen verhalten sich anders. Der graue Kater Paul schleicht seitlich an mich heran, reibt sich an meinem Bein und schnurrt freudig, als ich ihn am Rücken kraule. Von Anton, dem schwarzen Kater, ist zunächst nichts zu sehen. »Der hat Angst, der sitzt sicher im Schlafzimmer auf dem Regal«, meint Angelika und lacht.

Angelikas Wohnraum fasziniert mich wie immer. Locker möbliert und mit vielen eigenen Bildern rundum, strahlt er Ruhe und Behaglichkeit aus. Das Licht ist gedämpft, eine Kerze flackert. Leise erklingen gregorianische Gesänge, untermalt von einem Saxophon.

»Zen-Buddhismus, was ist das?«

»Wenn du diese Frage einem Zen-Meister stellen würdest, tränke er möglicherweise einen Schluck Tee als Antwort. Damit wäre tatsächlich treffend ausgedrückt, was Zen ist. Verstehst du, was der Meister damit sagen wollte?«

»Nee, absolut nicht!« Ich schüttele unwillig meinen Kopf.

»Es kommt häufig vor, dass Zen-Meister statt etwas langatmig zu erklären, lieber praktisch demonstrieren, was sie meinen. Durch das Teetrinken will er darauf hinweisen, dass du dies als Übung ansehen sollst, um eins zu sein mit dem, was du gerade tust.«

»Ich trinke Bier. Prost!«

Angelika lächelt: »Wenn du Bier trinkst, dann trinkst du Bier. Dann mache nichts anderes, nur dieses eine ganz bewusst. Zen versucht, immer nur eins zu tun. Das ist eine Lebensphilosophie. In den japanischen Zen-Klöstern wird sie gelehrt. Da hättest du als Schüler deinen Zen-Meister, der dir dein Koan aufgeben würde, auf das du eine Antwort finden müsstest. Koans sind scheinbar einfache Sätze von paradoxer Logik, für westlich analytische Gehirne besonders vertrackt. Wohl das berühmteste Koan:

»Du kennst den Klang von zwei klatschenden Händen. Welches Geräusch macht dabei deine linke Hand? … Weißt du, so, wie du da sitzt, ratlos, passt du gut in diese heitere fernöstliche Welt. Dein kahler Kopf könnte der eines buddhistischen Mönches sein. Anstelle der Jeans und des bunten Hemdes brauchtest du nur noch eine lockere schwarze Kutte anzuziehen und deine Laufschuhe mit Holzsandalen zu vertauschen.«

»Aber das allein würde es doch wohl nicht ausmachen?« Ich streiche mir mit der flachen Hand über den Kopf.

»Nein, nein, natürlich nicht. Aber es erleichtert es dir. Zen bedeutet, sich hochkonzentriert immer nur einer Sache zu widmen. Und das ist dann auch die Botschaft für dich als Läufer: Wenn ich laufe, dann laufe ich, dann tue ich nichts anderes, dann denke ich an nichts anderes, dann erfüllt das Laufen mich voll und ganz …«

»Aber so ist es doch!«

»Nein, denn wenn du irgendwo sitzt, dann stehst du schon, wenn du stehst, dann läufst du schon, und wenn du läufst, dann bist du schon am Ziel!«

Ziemlich bedröppelt gucke ich Angelika an.

»Ja, Konzentration ist ein wichtiger Aspekt. Du musst aber auch lernen, dich zu entspannen. Meditation vor und nach einem Wettlauf kann ich dir empfehlen, wenn du erfolgreich sein willst. Aber das sollten wir nicht theoretisch erörtern, sondern praktisch tun!«

Angelika macht mich auf ihre Kleidung aufmerksam. Sie ist anders, als ich es bei ihr kenne: wenig figurbetont, fast schlotterig. Zur dunkelgrünen Trainingshose trägt sie einen lockeren dunkelblauen Pullover, ihre Füße stecken in dicken Wollsocken. Nur ihr blondes Haar glänzt wie immer. Und ihre blauen Augen blitzen:

»Diese Sachen habe ich an, weil sie praktisch sind für die Meditation. Du wirst später auch deine Jeans gegen eine andere Hose tauschen.«

Dann holt sie ein blaues Meditationskissen, platziert es vor einer kahlen Wand.

»Das ist für dich. Ich komme auch ohne Kissen zurecht. Wir meditieren einander abgewandt in verschiedenen Ecken des Zimmers. Ich stelle die Musik ab, damit wir nicht abgelenkt werden. Die Uhr, die klingelt, wenn unsere Übung beendet ist, bringe ich nach nebenan.« Ich nicke, folgsam, verwundert.

»Kannst du den Lotussitz? Natürlich nicht. Ich zeige ihn dir!« Angelika setzt sich aufrecht und kreuzt die Beine derart, dass die Knie den Boden berühren. Dann dreht sie den linken Fuß aufwärts und legt ihn auf den rechten Oberschenkel.

»Das ist der halbe Lotussitz. Beim ganzen Lotussitz wird der rechte Fuß auch noch nach oben gedreht; er liegt auf dem linken Oberschenkel. Versuch du es jetzt!«

Ich kann es nicht, bringe nur so etwas wie einen krummen Schneidersitz zustande.

»Du wirst es lernen müssen!«

»Lässt sich denn nicht auf einem Stuhl meditieren?«

»Weshalb?«, fragt Angelika spöttisch. »Du bist doch kein alter Mann, deine Beinmuskeln sind nur zu kurz und zu steif. Das gibt sich langsam. Du musst nur jeden Tag üben.«

92

Magisch laufen

Ich versuche erneut, den halben Lotussitz einzunehmen. Aber immer, wenn ich einen der Füße mit den Händen fasse und aufwärts drehe, um ihn auf den Oberschenkel des anderen Beines zu legen, lösen sich die Knie vom Boden. Ich wiederhole die Übung noch einmal von vorn. Schließlich hocke ich schief und krumm wie ein Fragezeichen auf dem Meditationskissen. Wohlweislich hat Angelika unsere Position so angeordnet, dass wir einander nicht sehen ...

»Jetzt musst du ganz ruhig sein. Lass die Gedanken wie Wolken vorbeiziehen, gehe ihnen nicht nach, lass sie Ketten bilden. Entspanne dich!«

Das kann sie gut sagen, denke ich, während meine Füße einschlafen und die Knie wie wahnsinnig schmerzen. Aber ich halte krampfhaft durch, versuche auch noch, locker zu werden. Wie lang können doch zehn Minuten sein ...

Als die Uhr nebenan endlich klingelt, quäle ich mich hoch. Angelika verbeugt sich vor mir, ich mich in ihre Richtung. Dann bilden wir eine Prozession, gehen mit langsamen Schritten und bewusst atmend durch das Zimmer, damit die eingeschlafenen Füße wieder wach und die Muskeln durchblutet werden.

Endlich setzen wir uns. Diesmal richtig, wie ich es gewohnt bin, Angelika auf einen Stuhl, ich ihr gegenüber in ein kleines Sofa. Und es ist, als ob Angelika meine Gedanken errät:

»Um dich gut konzentrieren zu können, muss dein Geist im Gleichgewicht sein, und wenn dein Geist im Gleichgewicht ist, muss es auch dein Körper sein. Der doppelte Lotus ist eine Stellung von reinem Gleichgewicht, von vollkommener Balance. Wenn du so sitzt, musst du ganz einfach ausgeglichen werden, es geht gar nicht anders. Dein Herz beruhigt sich, dein Atem wird gleichmäßig, deine Gedanken hören auf umherzuschwirren.

»Und das empfiehlst du mir auch vor einem Wettkampf?«

»Ja, es hilft dir, dich auf das zu konzentrieren, was auf dich zukommt. Natürlich musst du dich dann auch noch warmlaufen, deine Muskeln lockern. Aber deine Seele ist schon weiter, eilt dir voraus. Und wenn der Startschuss gefallen ist, brauchst du nur noch zu laufen, zu laufen, nichts als zu laufen ...«

93
Hilfreiche Zen-Meditation

Und jetzt auch noch Tarot-Karten

»Jetzt ist er total meschugge geworden! Jetzt fängt er euch noch an, Tarot-Karten zu legen, um seine Chancen als Läufer auszuloten! Meinst du nicht auch, dass die Leute so denken?«

»Manche wohl!«, meint meine Hexe Angelika. Ihre blauen Augen blitzen mich an. Sie schüttelt den Kopf mit den hübschen blonden Locken. »Sei selbstbewusst! Es gibt Dinge zwischen Himmel und Erden, von denen unsere Schulweisheit sich nichts träumen lässt.«

Worte, die sich mir ins Gedächtnis eingegraben haben und die jetzt während des Marathonlaufs bei Kilometer 14 wieder in mir hochsteigen. Ich habe mich an eine Gruppe drangehängt, die unter drei Stunden ins Ziel kommen will. Aber ich muss mich anstrengen, um dran zu bleiben. Regen und Wind schlagen mir ins Gesicht. Die Beine werden schwer. Aber hinter der trostlosen, einsamen Landschaft taucht ein anderes Bild auf.

Wir sitzen in einem schwankenden Boot. Sanfte Wellen plätschern gegen den Bug. Ich rudere Angelika über den Münsterschen Aasee, einer »wohltuenden innerstädtischen Wasserfläche«, die in den dreißiger Jahren als Arbeitsbeschaffungsprogramm nach dem Vorbild der Hamburger Binnenalster gebaut wurde. Arbeitslose bekamen damals für jeden Tag Schüppen eine Mark zusätzlich.

Heute sind die Spazierwege rundherum beliebte Joggingstrecken. Läuferinnen und Läufer drehen hier ihre Runden. Von frühmorgens mit den ersten Sonnenstrahlen bis spät abends, wenn es schon dunkel geworden ist.

»Möchtest du mich hier laufen sehen? Dann brauchst du nur einen Zeitsprung zu wagen, 24 Stunden zurück oder nach vorn!«

»Ach ja! Da unter der Trauerweide! Aber stören dich nicht die vielen Spaziergänger?«

»Eigentlich nicht«, antworte ich, »nur manchmal ärgern mich naseweise Schulkinder, die Kojak hinter mir herrufen.«

Ich merke, wie mir das Rudern schwerer fällt, als ich vorher glaubte. Aber als Läufer habe ich es wohl mehr in den Beinen und in den entsprechenden Muskeln.

Angelika will mich in das Geheimnis der Tarot-Karten einführen. Dieser ungewöhnliche Auftakt mit der Bootsfahrt war meine Idee, sollte irgendwie symbolträchtig sein.

Und während ich mich leidlich quäle, erzählt mir Angelika, dass Tarot ein aus alter Zeit überliefertes Kartenspiel ist, das neben seinem spirituellen Aussagewert schon immer weit verbreitet war als Orakelspiel. Für jene Kreise, die in Mysterienschulen, in Logen, Bruderschaften und Geheimbünden zusammenkamen, um alte Traditionen und Symbole zu studieren, hatte die spirituelle Seite eine hohe Bedeutung. Sie fanden in den Tarot-Karten die Grundstruktur des mystischen Einweihungsweges aufgezeichnet.

»Der Gebrauch als Orakel für die Fragen des Alltags begründet dagegen das breite Interesse, das die Karten auch heute noch finden.«

»Eben auch bei mir. Ich möchte gerne von den Karten wissen, wie ich mich als Marathonläufer in einer bestimmten Situation verhalten soll.«

»Wir werden sehen, ob das die Karten hergeben!« Angelika lächelt vielsagend.

»Aber zuvor möchte ich noch einmal von dir wissen: Kann ein aufgeklärter Mensch heutzutage überhaupt Tarot-Karten befragen?«

»Sei in der Beziehung ganz unbefangen. Esoterisches Denken ist weit verbreitet. Immer mehr Menschen wenden sich von einem materialistischen Weltbild hin zu einem ganzheitlichen, in dem auch Phänomene Platz haben, die sich den Messgeräten der Forscher entziehen. Rund 9 Milliarden Euro geben die Deutschen im Jahr aus für

95

Selbsterfahrungsseminare, für Bücher und Esoteriksachen von Edelsteinen bis hin zu Bach-Blüten.«

»Ja dann, lass es uns machen!«

»Nur noch eins vorab: Nach einer Umfrage hält mittlerweile fast jeder zweite Deutsche Meditation und alternative Heilmethoden für nützlich; über ein Drittel denkt, dass es Menschen mit übersinnlichen Fähigkeiten gibt.«

Wir setzen uns an den runden Tisch im Erker vom Kruse Baimken, einer um diese frühe Stunde am Nachmittag noch ruhigen Kneipe. Wir bestellen Kaffee und Tee. Erst als der Kellner uns das gebracht hat und wieder außer Sichtweite ist, holt Angelika die Tarot-Karten und zwei Bücher aus ihrer Handtasche.

»Seit etwa 1600 ist Tarot so verbreitet, wie ich es hier in der Hand habe: 78 Karten, davon 22 der Großen Arkana, auch Trumpf-karten genannt, die Karten der Großen Geheimnisse, und 56 Karten der Kleinen Arkana, der Kleinen Geheimnisse. Ihre Herkunft liegt im Dunkeln. Dem Kundigen spiegeln die 22 Karten der Großen Arkana den Einweihungsweg oder die Stationen auf der Reise des Helden wider, wie sie aus Mythen und Märchen der Völker bekannt sind. Sie sind Ausdruck der Urbilder unserer Seele, des kollektiven Unbewussten.«

Angelika mischt die Karten, legt sie mit der Bildseite auf den Tisch, schiebt sie durcheinander und fordert mich dann auf, mit der linken Hand meine Tageskarte zu ziehen.

»Warum mit links?«, will ich wissen.

»Weil die linke Körperseite seit alters her als intuitiv gilt, was von der neuesten Gehirnforschung bestätigt wird.«

Ich ziehe die Karte »Tod«. Schrecklich. Mich schaudert. »Das bedeutet mein Ende, mein Abschied vom Laufen. Soll ich nun den geplanten Marathonlauf mitmachen oder nicht? Kann ich so fragen?«

»Du hast dich ja schon angemeldet!« Angelika zwinkert mir zu. »Ich mische alle Karten neu und dann solltest du fragen: Was passiert, wenn ich an dem Marathonlauf in Steinfurt teilnehme? Was passiert, wenn ich nicht teilnehme? Zur Beantwortung schlage ich dir vor, das Legesystem »Das Kreuz« auszuwählen. Es gibt eine kurze, knappe Aussage, die dir eine wertvolle Richtung weist. Du musst vier Karten ziehen.«

»Muss ich mich dabei auf die Frage konzentrieren?«

»Nein, auf keinen Fall. Vertraue einfach darauf, dass dein Unbewusstes ohnehin schon weiß, was du fragen willst.«

Ganz locker ziehe ich mit der linken Hand nacheinander vier Karten und lege sie verdeckt übereinander, drehe sie um, so dass die zuerst gezogene Karte oben liegt. Dann lege ich die Karten in die Form eines Kreuzes, so wie Angelika es mir angibt: die erste Karte links außen, es ist: »Ritter der Kelche«; die zweite Karte rechts außen: »Stäbe VIII«; die dritte Karte oben: »Bube der Schwerter« und die vierte Karte nach unten: »Mäßigkeit«.

»Und wie geht es weiter?«

»Jetzt müssen wir nachsehen, was Hajo Banzhaf in seinen »Schlüsselworten zum Tarot« bei der jeweiligen Karte notiert hat und wie das zu deinen Fragen passt.«

Angelika blättert in dem Buch, liest mir vor: »Die erste Karte bedeutet: Darum geht es. Es ist der ›Ritter der Kelche‹, und als Ziel steht hier: Harmonie, Erfüllung, Weisheit. Das Stichwort Erfüllung wäre vielleicht auf deinen Lauf anzuwenden. Die zweite Karte bedeutet: Das solltest du nicht tun. Bei ›Stäbe VIII‹ lese ich zum Stichwort ›Bewusstsein‹: Unerwartete Impulse, große Hoffnungen. Für mich würde das heißen, du sollst für den Marathonlauf in Steinfurt nicht allzu viel erhoffen.«

»Klar, am besten gar nichts!«

»So einfach sollst du es dir nun auch nicht machen! Die dritte Karte will dir sagen, was du tun sollst. Es ist der ›Bube der Schwerter‹. Hier steht, dass du die Chance hast, etwas zu klären, aber auch von einem heraufziehenden Konflikt. Du sollst eine losgelöste Haltung einnehmen, dann kann der Lauf positiv ausgehen.«

»Ich werde immer neugieriger!«

»Und wohin führt es, wofür ist es gut? Das sagt dir die vierte Karte, die Mäßigkeit. Sie zeigt den unverzichtbaren Seelenführer, so wie

Hermes bei den Griechen, Thot oder Anubis in Ägypten, der dem Toten seinen schwierigen, gefahrvollen Weg durch die Nacht weist. Dementsprechend zeigt die Karte den Weg zum Licht, zur Sonne. Neben den Wassern des Todes fließen aber auch die Wasser des Lebens. Für dich gelten die Stichworte: Freude am Tun, Einklang, Harmonie, innere Gelassenheit.«

»Wunderbar! Das ist ja genau das, was ich anstrebe. Besser geht es doch gar nicht!« Ich strahle Angelika an. »Nun ja, vielleicht wünsche ich mir auch eine gute Zeit. Aber das ist zweitrangig.«

Das sagt sich so leicht, denke ich, dabei ist genau das Gegenteil wahr. Immer, wenn ich zu einem Wettstreit antrete, geht es auch um eine gute Zeit. Heute ist allerdings nicht mehr viel drin. Wind und Regen setzen mir zu. Die Beine sind noch schwerer geworden. Ich habe den Anschluss an die Gruppe längst verloren. Aber Angelika geht mir nicht aus dem Sinn.

»Zu deiner größeren Gewissheit möchte ich noch die Quersumme der gezogenen Karten ziehen: $0 + 8 + 0 + 14 = 22; 2 + 2 = 4$. Die vierte Karte der Großen Arkana ist ›Der Herrscher‹. Er steht für den Vater, der Vorsätze und Ideen verwirklicht, für den pragmatischen Weg der Ordnung, Klarheit und Wirklichkeit. Du kannst aus all dem, was ich dir gesagt habe, herauslesen, was du willst. Du musst dich entscheiden.«

»Ich denke, ich kann den Lauf wagen.«

»Natürlich. Alle Aussagen sind positiv. Ich sehe keine Probleme. Auch nicht für dein Seelenheil! Aber hinterher brauchst du unbedingt eine Ruhepause.«

»Wie immer.«

Nach 3:17:04 Stunden bin ich im Ziel, weit abgeschlagen von dem, was ich mir vorgenommen habe. Aber tot noch lange nicht. Beim nächsten Lauf werde ich die Tarot-Karten noch zusätzlich befragen müssen, mit welcher Geschwindigkeit ich das Rennen angehen kann. Vielleicht hilft mir meine Hexe Angelika dann wieder, die Antwort zu finden.

Was das Pendel sagt

Es gibt tatsächlich Menschen, mit denen ich befreundet bin, die noch nicht unter die Läufer gegangen sind. Zu ihnen gehört auch Brigitte. Wir treffen uns diesmal bei Schucan am Prinzipalmarkt in Münster. Das beliebte Café ist wie immer vollbesetzt: junge Frauen, rundum von Einkaufstüten umgeben, ältere Ehepaare, junge Verliebte, eine Familie mit zwei kleinen Kindern und einem edlen Neufundländer, dazwischen die flinken Mädchen, die die Gäste bedienen. Wir erspähen, wie zwei junge Männer bezahlen und bekommen so einen Tisch, von dem aus wir nach draußen gucken können.

Brigitte ist natürlich wie immer vollkommen durchgestylt. Zu ihrer randlosen Herzchenbrille passen die goldenen Herzen, die an ihren Ohrläppchen baumeln. Ihre Augen schimmern grün und blau und golden. Und als sie ihren langen, gelben Wollmantel ablegt, stockt mir zunächst der Atem. Darunter trägt sie hautenge schwarze Leggins, mit silbernen Sternen übersät, die ihre schlanken und wohlgeformten Beine so richtig wirken lassen. Der pinkfarbene, lockere Rollkragenpullover lässt ihren schlanken Hals sehen.

»Du, das sind meine Magier-Leggins, die habe ich extra für dich angezogen«, fängt Brigitte meinen Blick auf.

»Wir wollen uns über die Kräfte unterhalten, die in Edelsteinen stecken und wie wir sie uns nutzbar machen können.«

»Übersinnliche Erfahrungen!«, präzisiert Brigitte.

Sie erzählt mir, dass sie angefangen habe zu pendeln. Das mache sie zusammen mit ihrer Freundin Elisa, die sei Seherin, Heilerin und

Medium zugleich. Erst neulich sei ihr vorherbestimmt worden, dass sie das Erbe der Buchela antreten solle. Wenn sie zu zweit das Pendel ausschlagen lassen würden, kämen sie immer zu übereinstimmenden Ergebnissen.

»Kannst du einmal für mich auspendeln, ob ich beim Paris-Marathon am 29. März unter drei Stunden ankomme?«

Brigitte nestelt das silberne Halskettchen los, an dem sie einen hellen Aquamarin trägt.

»Diesen Stein habe ich von Timmendorf, siehst du die feinen Einschlüsse, diese Strukturen. Das weist hin auf die Kräfte der Erde, die hier seit Tausenden von Jahren schlummern«, fängt Brigitte an zu erklären, »der Aquamarin ist der Stein der Mystiker und Sucher reinen Herzens, die alles empfinden. Er bricht das Licht der Sonne wie die Wellen des Ozeans. Guck hier, das Silberkettchen, das habe ich am Verschluss mit einem Plastikglied versehen, damit der Energiekreis unterbrochen ist und die ausgleichenden Energien des Steines in den Kopf geleitet werden und nicht den Hals abschnüren.«

»Nun aber zu meinem Marathonlauf?«

»Das Pendel antwortet mit Ja oder Nein. Ja bedeutet, wenn es von meinem Körper weg zu dir hin ausschlägt. Nein, wenn es parallel geht. Wichtig ist, dass du ihm genau formulierte Fragen stellst.«

Die Kellnerin stellt Kuchen, den Cappucino für mich und den Kakao für Brigitte auf den Tisch, leicht irritiert, wie mir scheint.

»Pendel, sage mir, wird Gottfried beim Marathonlauf in Paris am 29. März unter drei Stunden bleiben?« Brigittes Augen wenden sich ab von mir, drehen sich nach oben. Ich folge ihnen. Dann gucken wir beide gleichzeitig nach unten. Der Aquamarin pendelt vor ihren Brüsten zu mir hin.

»Ja!«, haucht Brigitte.

Ich weiß, dass uralte Kulturen wie die der nordamerikanischen Indianer, die im Einklang mit Mutter Erde, mit den Elementen der Natur und dem Heiligen leben, Körper, Seele und Geist mit Edelsteinen heilen. Für sie sind die Steine lebendige Wesen, die pulsieren, strahlen und in verschiedenen Frequenzen schwingen. Je nachdem, unter welchem Sternzeichen der Einzelne geboren ist und was er bewirken will, macht er sich die Kräfte der Steine zunutze. So soll etwa die blutrote Koralle, einer der fünf heiligen Steine der Indianer, Lebenskraft und Energie geben, der orangefarbene Karneol mit seinem wunderschönen, durchscheinenden Glanz die Aufschließung und Nutzung der Nahrungsstoffe im Organismus regeln, der goldene Bernstein mit seinen hohen Schwingungen die Gefäße für das Aufsteigen der Schlangenkraft öffnen.

»Wir haben einmal gemeinsam festgestellt, dass mich ein gelbes Trikot besonders schnell machen, während ein rotes mich schwächen würde. Du erinnerst dich an unsere Hampelei mit den ausgestreckten Armen. Nun sind da aber durchaus auch rote Steine, die mir empfohlen werden. Ist das nicht ein Widerspruch?«

»Nein«, antwortet Brigitte, »die Schwingungen der Farben, die etwa von Kleidungsstücken ausgehen, sind anders als die der Steine. Die Kräfte der Steine beruhen auf Gesetzen, die mit der Erdgeschichte und mit ihrer Entstehung zusammenhängen.

»Welche Steine verwendest eigentlich du, Brigitte?«

»Wichtig ist, dass du die Steine auf der bloßen Haut trägst. Ich bin im Sternzeichen Waage geboren. In meinem BH habe ich einen rosa Rosenquarz, der meine Sensibilität für feine Schwingungen erhöht, ein braungelbes Tigerauge, der meine Spiritualität verstärkt, und einen Stein für Hellsichtigkeit, warte mal, das ist ein …«

»Sollen wir nachsehen?«

Brigitte lacht, das ältere Ehepaar vom Nachbartisch guckt auf.

»Nein, nein, nicht nötig, jetzt fällt's mir ein: Das ist ein blauer Sodalith. Bei bestimmten Gelegenheiten stecke ich mir einen beige-farbenen Achat in die Tasche, damit keine niedrigen Schwingungen von anderen an mich herankommen, oder einen hellblauen Chalcedon, der meine Denkfähigkeit erhöht, mir Klarheit verleiht und gutes Reden. Und ein Bergkristall mit goldenen Fäden, dem so genannten Engels-haar, den ich mir unter das Kopfkissen lege, schenkt mir gute Träume.«

»Frag einmal dein Pendel, ob die rote Koralle gut für mich ist.«

»Das Pendel antwortet mit Ja.«

»Und Bernstein?«

»Pendel, sage mir, ist Bernstein auch gut für Gottfried?«

»Ja!«

101
Was das Pendel sagt

»Pendel, sage mir, verstärkt sein Allgemeinbefinden?«

»Ja!«

»Pendel, sage mir, ist ein Bernstein gut dafür, um seine Lauf-erfolge zu steigern?«

»Oh, Ja!«

»Warum sagst du jetzt: Oh, Ja?«

»Schau, weil das Pendel so heftig ausschlägt. Ein Bernstein wird dich sehr viel stärker machen.«

Tatsächlich. Freunde, Lauffreunde, ihr müsst mit mir rechnen!

Magische Zahlen für gute Zeiten

»Als Läufer tust du ja alles, um im Ziel gut anzukommen. Ist es nicht so?«

»Fast alles!«, wende ich vorsichtig ein.

»Gut, aber du trainierst, rennst fast ununterbrochen wie bekloppt durch die Münsterländische Parklandschaft, isst morgens nur Frischkornbrei, mittags möglichst Vollkornnudeln und frische Salate und abends auch nur so vernünftige Sachen wie Bratlinge mit Sojasoße oder Pellkartoffeln mit Quark.«

»Aber ich trinke auch Wein und Bier – sobald die Sonne untergegangen ist.«

»Da rutschst du allerdings ein wenig aus. Das ist menschlich. Ich verstehe das. Aber andererseits pflegst du schon jahraus und jahrein deinen Kombuchapilz und schluckst den Tee …«

»Der manchmal ganz schön sauer ist!«

»Aber du weißt damit umzugehen, du kennst die geheimnisvollen Kräfte der Steine einzuschätzen und einzusetzen, du hast von der Kraft der Bäume gehört, von Duftölen und von Bachblüten …«

»Mit dem Mond hab' ich's auch im Sinn!«

»Heute möchte ich dich einführen in die magische Welt der Zahlen. Das ist ein neues Kapitel des Hexeneinmaleins!«

Angelika sitzt mir gegenüber auf einem breiten Sessel. Sie lacht. Die kleinen Fältchen um ihre Augen zucken leicht. Sie ist versessen darauf, mir als Läufer wertvolle Tipps zu geben.

»Damit du immer gewinnst!«

Angelika nimmt ein paar Notizzettel in die Hand. Sommerzeit. Angelika trägt ein halblanges Kleid, das ihre schlanke Figur umspielt. Ihre braune Haut und ihr blondes Haar passen gut zueinander. Angelika verrät mir, dass sie sich dem Inline-Skating hingegeben hat, das sei ihr Sport, das würde ihr mehr geben als Joggen.

»Es gibt natürlich verschiedene Möglichkeiten, deine magische Zahl zu ermitteln.«

»Wir kommen zum Thema?«

»Ja, hör' dir das an.«

Angelika liest mir vor:

»Du musst verstehen, aus eins mach zehn und zwei lass' gehn und drei mach gleich, so bist du reich. Die vier verlier aus fünf und sechs, so sagt die Hex', mach sieben und acht, so ist's vollbracht. Die neun ist eins und zehn ist keins, das ist das Hexeneinmaleins.«

»Hab' verstanden, keine Frage mehr!« Ich lache leise, ich bin unsicher und irritiert.

»Das war von Goethe, für uns heutige Menschen kaum verständlich. Aber eine bloße Wortspielerei ohne Sinn dahinter zu vermuten, hieße Goethe zu unterschätzen.«

Der graue Kater Paul streicht mir um die Beine und schnurrt. Die Rauhaarhündin Fiene liegt Angelika zu Füßen.

»Es fällt vielen schwer, Okkultismus und Magie als etwas zu erkennen, das auch in dieser angeblich so fortschrittlichen Zeit auf unser Erden-Dasein wirkt.«

»Ich glaube schon daran, dass es Dinge gibt, die meine Schulweisheit nicht zu erträumen wagt!«, versichere ich Angelika.

»Dann wollen wir deine Glückszahl nach der Geburtszahl ermitteln. Andere Methoden, die es auch gibt, sind sehr kompliziert. Die Geburtszahl ist am wirkungsmächtigsten und deshalb bedeutungsvollsten für unseren Lebenslauf. Wann bist du geboren?«

»Am achten November.«

»Die Acht ist deine Glückszahl, sehr schön. Alle Zahlen, die sich auf die Acht zurückführen lassen, bringen dir Glück.«

»Mm, wie soll ich das verstehen?«

»Wenn da etwa ein Wettlauf am achten Tag eines Monats ist, stehen die Vorzeichen für dich günstig. Das gleiche gilt für den 17. Tag, da die Quersumme aus 17; $1 + 7 = 8$, oder für den 26. Tag ($2 + 6 = 8$). Wenn deine Startnummer eine Acht enthält oder wenn die Quersumme acht ergibt (etwa bei 638; $6 + 3 + 8 = 17$; $1 + 7 = 8$), kannst du auf übersinnliche Kräfte zählen, die dich unterstützen. Nimm 'mal deine Unterlagen zur Hand und guck nach, wie das bisher war.«

»Mir fällt spontan der City-Lauf in Münster ein, da hatte ich mit der Startnummer 680 immerhin eine 8 dabei, nur mit der Quersumme passt es nicht.«

»Und wie hast du abgeschnitten?«

»Ich hab' den dritten Platz in meiner Altersklasse belegt.«

»Glückwunsch! Du wärst sicher noch weiter vorn gewesen, wenn auch die Quersumme eine Acht ergeben hätte.«

»Meinst du?«

»Aber sicher, daran glauben ist alles!«

»Lässt du mich noch ein paar Erkenntnisse hinzufügen?«, fragt Angelika. »Ja, mach das!«

»Es sind nicht nur der Wettkampftag und die Startnummer, die dich mit der Glückszahl Acht erfolgreich laufen lassen. Du musst noch wissen, dass die für dich besonders günstigen Tage der Samstag, Sonntag und Montag sind. Als fördernden Stein für den Achter kannst du den Amethyst, den dunkelfarbigen Saphir, den schwarzen Onyx und auch den schwarzen Diamanten oder die schwarze Perle ansehen. Einen dieser Glückssteine solltest du möglichst immer bei dir tragen.«

»Ich hab' bisher auf den Bernstein, die rote Koralle und auf den roten Karneol gesetzt. War das falsch?«

»Nein, aber die Zahlenmagie schwört auf andere Steine. Du kannst dich entscheiden. Du kannst es auch ausprobieren.«

»Ich besorg' mir diese Woche noch einen dieser schwarzen Steine und wenn dann ein Wettkampf auf einen Achter-Tag fällt, womöglich auch noch auf einen Samstag oder Sonntag, dann lege ich meinen Bernstein in die Schublade und hänge mir den neuen Stein um den Hals.«

»Ich bin genau so gespannt wie du, was dabei herauskommt.« Fiene bellt. Da sind ein paar dicke Brummfliegen durch die geöffnete

105

Magische Zahlen für gute Zeiten

Terrassentür hereingekommen. Sie surren ärgerlich und knallen immer wieder gegen die Fensterscheiben, nur durch die geöffnete Tür finden sie nicht wieder zurück.

»Auch eklige Fliegen sind Geschöpfe Gottes! Nur schwer, das immer zu beherzigen.«

Mir gelingt es, die Fliegen einzeln mit der Hand zu fangen. Ich lasse sie abschwirren in den Garten. Und Fiene beruhigt sich.

»Möchtest du noch ein Bier?«

»Danke, lass uns zurückkommen auf die Zahlenmagie. Es geht also darum, das Tagesdatum oder die Startnummer zurückzuführen auf die einfache Grundzahl.«

»Es gibt nämlich nur neun Zahlen, alle übrigen Zahlen sind aus diesen neun zusammengesetzt. Dabei kommt beispielsweise der Sieben besondere symbolische Bedeutung zu. Du wirst nicht wissen, weshalb Buddha so häufig in einer Lotusblume sitzend dargestellt wird. Die Lotusblume gehört zu den Blumen, die sieben Blütenblätter haben und sich mit anderen Blumen nicht kreuzen; sie ist also eine der wenigen reinen Pflanzen. Buddha nahm die Lotusblume zum Sinnbild seiner religiösen und philosophischen Lehren. Die Reinheit des weißen Lotus ist für ihn außerdem Symbol der Vollendung, weil die Blüte, obwohl im Schlammwasser genährt, in reiner Weiße daraus hervorgeht.«

Ich trinke einen Schluck Bier.

»Jetzt sag' mir auch noch etwas zu den anderen Zahlen.« Angelika nimmt ihre Zettel in die Hand.

»Fangen wir vorn an, bei der Eins. Die Eins ist die Symbolzahl für die Sonne, sie ist Ursprung, Basis und Ausgangspunkt nicht nur aller Zahlen, sondern des Lebens überhaupt. Sonntag und Montag sind die günstigsten Wochentage. Und als Steine gelten der Topas, der Bernstein, der gelblich getönte Diamant und alle anderen Edelsteine in goldgelber Tönung.

»Zur Zwei. Sie wird dem Mond zugeordnet. Günstigste Wochentage sind Sonntag, Montag und Freitag .Glückssteine sind der Mondstein und der blassgrüne Jade. – Mit der Drei beginnt eine Zahlenreihe, die du mit einer Linie der Kraft vergleichen kannst. Die

Zahlen 3, 6 und 9 bilden die ersten drei Glieder dieser Zahlenkette, die du fortsetzt, indem du stets 3 dazurechnest. Du erhältst dann sämtliche durch 3 teilbare Zahlen. Werden diese Zahlen aber auf eine einzige Grundzahl zurückgeführt, so wird als Quersumme stets entweder die 3, die 6 oder die 9 herauskommen. Und nach der okkulten Zahlenlehre besteht ein gegenseitiges Sympathieverhältnis zwischen den Dreier-, Sechser- und Neuner-Menschen …«

»Wissen die das?«

»Sie müssten es merken. Die Dreier sind entweder am 3., 12., 21. oder 30. irgendeines Monats geboren. Der Donnerstag ist der wichtigste Tag, Glücksstein ist der Amethyst.«

»Mir schwirrt der Kopf!«

»Du kannst das nachlesen. Ich geb' dir meine Zettel. Nun die Vier. Für die Vierer-Menschen sind der Samstag, der Sonntag und der Montag günstig. Glücksstein ist der Saphir. Die Zahl Fünf steht für Impulsivität, Lebhaftigkeit aber auch für Mangel an Ausdauer, was sich aber überwinden lässt. Mittwoch und Freitag sind die Glückstage. Als Stein gilt der königliche Stein, der Diamant.«

»Ein teurer Stein!«

»Weiterhin sind alle schimmernden und glitzernden Schmuckstücke zu tragen, etwa aus Silber oder Platin.«

»Gut, dass ich kein Fünfer bin!«

»Die Zahl Sechs gilt als Symbolzahl für den Planeten Venus. Die Liebe spielt eine hervorragende Rolle bei den Menschen der Sechs, vor allem die ideellen, mütterlich-fürsorglichen Aspekte, weniger die sinnlichen Aspekte. Günstigste Wochentage sind der Dienstag, der Donnerstag und der Freitag. Als Glücksstein gilt der Türkis. – Von der Sieben habe ich schon etwas erzählt. Die Menschen dieser Zahl sind von der Sehnsucht nach Abwechslung und nach großen Abenteuern getrieben. Später ist ihnen eine ausgesprochen ernsthafte philosophische Daseinsbetrachtung mit religiös-mystischer Färbung zu eigen. Glückstage sind der Sonntag und Montag, Glückssteine der Mondstein, der Opal und die Perle. – Von der Bedeutung der Acht, deiner Glückszahl, habe ich dir schon erzählt. Bleibt noch die Neun. Die Neuner sind Kämpfernaturen und gehen meist keinem Konflikt aus dem Weg. Wenn du auf die triffst bei einem Marathonlauf, hast du es schwer. Dienstag,

Donnerstag und Freitag sind die bedeutungsvollsten Wochentage. Als förderliche Steine gelten der Rubin, der Granat, die Korallen, auch der Karneol gehört dazu. Die Zahl hat eigenartige Eigenschaften. Sie ist die einzige, die du mit jeder beliebigen Zahl multiplizieren kannst und die immer nur sie selbst bleibt, da nämlich die Quersumme des Ergebnisses stets wieder 9 ergibt! ($9 \times 2 = 18$; $1 + 8 = 9$! Oder $9 \times 7 = 63$; $6+3=9$! Oder $9 \times 105 = 945$; $9 + 4 + 5 = 18$; $1 + 8 = 9$! Du kannst das fortsetzen!)«

»Danke, nicht heute. Ich werde da noch lange drüber nachdenken und mir Bücher besorgen, um Einzelheiten nachzulesen. Dein Hexeneinmaleins hat mich sensibel gemacht.«

»Das geht schließlich zurück auf die Inder, die Chaldäer und die Ägypter, die unumschränkte Meister der okkulten Deutung der Zahlen gewesen sind.«

»Ich sehe schon, wie ich bei meinem nächsten Wettkampf mit anderen Läufern um die magischen Zahlen rangele …«

Mit Geduld und Sauerteig

Natürlich könnte ich alles schön sachlich und nacheinander, wie bei einem Rezept in Arbeitsschritten gegliedert, logisch aufeinander aufbauend und einfach erklärt niederschreiben, aber das wäre irgendwie langweilig, denn erst die Geschichten, die sich um die Geschichte ranken, wie ich Brot backe, machen alles erst reizvoll.

Nun, es fing wohl damit an, dass wir versuchten, nur noch vernünftig zu essen. Wir rannten von einem Körnerladen zum anderen, immer darauf bedacht, besonders vollwertige und naturbelassene Lebensmittel zu ergattern. Mein Freund Peter, der Ultralangstreckenläufer, schwärmte von den Vitalstoffen in seinem morgendlichen Frischkornbrei, das sei nicht zu vergleichen mit unserem lapidaren Müsli. Freund Rainer, der mich in stundenlangen Gesprächen dem Laufwettkampf näher gebracht hatte, wusste von wertvollen Mineralstoffen und Vitaminen zu berichten.

Freundin Brigitte ließ alle ihre weiblichen Reize spielen und erklärte mir, dass jede Getreideart ihre eigenen Schwingungen habe, so dass ich tagelang damit beschäftigt war, unsere Sechskornmischung auseinander zu pusseln: Hafer zu Hafer, Weizenkorn zu Weizenkorn.

Und Gerda erinnerte mich immer wieder an das saure Brot aus Paderborn, das sie von ihrer Kindheit her als besonders schmackhaft im Gedächtnis habe.

»Das ist aber kein Vollwertbrot«, wandte ich ein. »Ja, ja, ich weiß das«, gab sie zurück, »wir müssen uns nur Mühe geben, irgendwer wird doch wohl das richtige Brot für uns backen!«

Das sind so Worte, die musst du dir auf der Zunge zergehen lassen: Wir müssen uns nur Mühe geben, irgendwer wird doch wohl ... Ich ging von Vollkornbäcker zu Vollkornbäcker. Ich ließ mir sagen, dass es Roggenbrote seien, die mit Sauerteig angemengt würden. Ich kaufte hier ein Brot, ich kaufte dort ein Brot.

»Du, das ist lecker!«

Und eine Woche später: »Das entspricht noch mehr dem Brot, an das ich mich erinnere.«

»Sauerteig ist das Geheimnis. Weißt du eigentlich, dass es die Ägypter vor dreitausend Jahren waren, die unser Brot erfunden haben, die als erste Roggenbrot mit Sauerteig backten? Das habe ich nachgelesen. Es gab zwar schon vorher Brot aus den verschiedenen Getreidearten, das waren so flache Fladen, wie es sie heute noch in südlichen Ländern gibt, die aber recht fade schmecken. Die Ägypter machten es anders als die übrigen Völker des Altertums. Sie ließen den mit Wasser angerührten Teig für ihr Brot bewusst warm stehen, so dass er in eine gärende Masse überging, die säuerlich schmeckte. Diese nahmen sie dann zum Backen. Das ägyptische Sauerteigbrot war luftig, porös und schmeckte herzhaft und würzig.«

»So, wie ich mir auch heute noch mein Brot wünsche.«

»Da die Ägypter nicht ganz durchschauten, wie Sauerteig zustande kommt und wie er wirkt, bekam er eine mystische und fast heilige Rolle. Er schien geheimnisvoll, weil sie mit ihm nicht nur Brot backen konnten, sondern weil er sich wie ein Lebewesen von selbst fortpflanzte. Sie bewahrten den Sauerteig ebenso sorgfältig auf, wie andere Völker das Feuer.«

Gerda und ich aßen unser täglich Brot jetzt natürlich in einem ganz anderen Bewusstsein. Wir schwören nicht nur wegen der biologisch-dynamischen Körner, die frisch gemahlen verbacken werden, auf unsere Vollwertläden, sondern auch wegen des natürlichen Sauerteiges.

Doch dann passierte etwas, das mich an der Welt zweifeln ließ: die glutäugige Verkäuferin meines Vollwertbäckers erklärte mir, dass sie immer mehr dazu übergingen, statt des Sauerteiges nur noch Backferment zu benutzen, das sei nicht so arbeitsintensiv; und eine ähnliche Antwort bekam ich in anderen Läden.

Da ja nichts zufällig passiert auf dieser Welt, trafen wir fast zur gleichen Zeit mit Hans-Werner zusammen. Wir feierten ganz groß den neunundvierzigsten Geburtstag unseres Freundes Josef, weil uns der fünfzigste dann immer noch blieb. Das war in der Nähe von Paderborn. Hans-Werner war mit dem Rennrad rund zweihundert Kilometer aus Delmenhorst bei Bremen heruntergestrampelt gekommen. Hans-Werner hatte Brot mitgebracht. Selbst gebackenes. Sauerteigbrot. Wir probierten. Gerda verdrehte die Augen. Ich ließ mir erklären, wie er das gebacken hatte.

»Och, das ist ganz einfach!«

Eigentlich hätte ich misstrauisch werden müssen, denn was so ausdrücklich als einfach bezeichnet wird, erweist sich oftmals als äußerst kompliziert.

Einige Wochen später bekam ich von Hans-Werner eine kleine Dose mit Sauerteig. Ich mahlte meinen Roggen, verrührte ihn mit Wasser und dem Sauerteig, deckte die Schüssel mit einem sauberen Trockentuch ab und ließ den Teig gehen. Ich stellte ihn auf der Abdeckplatte der Heizung ab. Als sich nach drei Stunden immer noch nichts zeigte, kam ich auf die Idee, das Ganze im Backkasten unseres Elektroherdes zu beschleunigen. Ich bildete mir ein, dass das half und backte anschließend mein Brot eine Stunde lang bei 220 Grad. Aber was ich schließlich aus dem Ofen herauszog, war eine ziemlich feuchte, matschige Masse, flach und kaum aufgegangen.

»Aber immerhin schmeckt es sauer«, versuchte mich Gerda zu trösten.

Ich führte ein langes Ferngespräch mit Hans-Werner. Also: Zu Sauerteig kannst du kommen, wenn du drei Esslöffel frisch gemahlenes Roggenmehl mit biologischem Sauerkrautsaft verrührst und eine Woche ziehen lässt. Sodann nimmst du die Hälfte deiner Körner, also etwa ein halbes Pfund, mahlst sie zu Mehl und verrührst das Mehl mit Hilfe der Küchenmaschine mit warmem Wasser und dem Sauerteig zu einer zähen Masse. Die Schüssel deckst du mit einem Tuch ab und stellst sie warm – auf die Heizung, in die Sonne auf der Fensterbank, des Wintergartens oder Gewächshauses. Habe Geduld dabei! Spätestens am nächsten Tag muss der Teig aufgegangen sein. Sonst wartest du einfach

111

Mit Geduld und Sauerteig

noch ein paar Stunden. Nimm drei Esslöffel ab als Basis für das nächste Brot und bewahre diesen Sauerteig auf in einem Töpfchen. Mahle nun das zweite halbe Pfund deiner Roggenkörner und ein oder zwei Esslöffel Weizenkörner und vermische das Mehl mit dem bereits aufgegangenen Teig. Füge einen Esslöffel Salz und nach und nach warmes Wasser nach Gefühl hinzu, so dass ein zäher Teig entsteht.

»Meinst du, dass die Ägypter auch so vorgegangen sind?«, unterbricht mich Gerda.

»Und ob! Die mussten das Kneten und Rühren nur mit der Hand machen.«

Hans-Werners Rezept geht so weiter: Nimm eine eingefettete rechteckige Backform, fülle den Teig hinein, streiche ihn glatt, bedecke die Backform mit dem Tuch und stelle sie warm wie vorher die Backschüssel. Wiederum musst du warten, bis der Teig aufgegangen ist. Erst dann kannst du die Backform nehmen, mit Aluminiumfolie abdecken und in den mit 220 Grad vorgeheizten Backofen schieben. Eine ebenfalls hineingeschobene Tasse mit Wasser soll für die notwendige Luftfeuchtigkeit sorgen. Nach einer halben Stunde nimmst du die Aluminiumfolie ab. Du lässt das Brot eine weitere halbe Stunde im Ofen. Dann ist es fertig. Du musst es abkühlen lassen, aus der Form herauslösen.

»Oh, ist das lecker!«, meinte Gerda.

»Aber warum hast du Hans-Werner nichts davon gesagt, dass dein erstes Brot mehr oder weniger misslungen ist?«

»Das erfährt er noch früh genug.«

Das Rezept klingt einfach. Ist es auch, wenn du dich genau daran hältst. Aber ich will nicht verheimlichen, dass es weitere Probleme gegeben hat. Etwa, als mich mein Freund Franz-Josef dazu überredete, ein rundes Brot ohne Kastenform zu backen; es wurde ein Brocken mit harter Kruste, an dem wir unsere Zähne ausbeißen konnten. Ein andermal verklebten die Steine meiner Getreidemühle. Die Körner waren zu feucht. Als ich Angela bei Mäc Bio, bei der ich den Roggen gekauft hatte, darauf ansprach, meinte sie, keine Zeit zu haben, um mit mir darüber zu diskutieren Aber allen Widrigkeiten zum Trotz macht es mir großen Spaß, mein täglich Brot, das Nahrungsmittel schlechthin, das für mich Symbol des Lebens ist, selbst zu backen.

Hexensalat und Korianderbrot

Dass das schon lange fällig war, pfiffen mir morgens schon die Spatzen von der Dachrinne aus zu, wenn ich zu meinem Frühstückslauf startete: Alle Frauen einzuladen, die mir mit ihrem Wissen und mit ihren übersinnlichen Fähigkeiten dabei helfen, als Marathonläufer gut ins Ziel zu kommen.

»Ihr wart alle so neugierig und gespannt, als ihr von meinem selbst gebackenen Brot hörtet, da hab' ich mir gedacht, das könnte der Anlass sein.«

»Eine gute Idee!«, stimmte mir Angelika zu. Angelika, mit der ich Salben gerührt hatte für meinen entzündeten Ischiasnerv, von der ich über die Geheimnisse der Dufttherapie erfuhr.

»Schön, dass du uns eingeladen hast!«, meint Brigitte, die mit den Farben und den Steinen und dem Pendel, die immer mehr Lauffreunde persönlich kennen lernen möchten, je mehr ich von ihr schreibe. Brigitte trug einen superkurzen, engen, weißen Rock, der ihre schlanken braunen Beine besonders gut wirken ließ. Wir saßen draußen im Garten, in der Sonne. Wir beguckten uns das Rosenbäumchen, das sie mir als Geschenk mitgebracht hatten.

Da war Ulla, die blonde Ulla, mit der ich über Stoffe und speziell über Seide gefachsimpelt hatte; sie wählt den Platz aus, an dem sie am längsten von der Sonne beschienen wird. Neben ihr sitzt Anne, mit der ich einmal auf einen ostpreußischen See herausgeschwommen war, unendlich weit, so dass ich Angst bekam, während sie unbeirrt dem fernen Horizont zustrebte.

Gerda sorgt bei allen meinen Fragen für Bücher und wissenschaftlichen Hintergrund; sie toleriert die meisten meiner verrückten Ideen, wofür ich immer wieder bei dem von ihr vorgeschlagenen Heilfasten mitmache. Marlis, gutmütig, Raucherin mit viel Sinn und Ahnung von der Natur und einem Ferienhaus an der Algarve; ich sehe sie immer nur in sich hineinlächeln, weil sie glaubt, dass es für alles eine Pille in der Apotheke gibt. Und Marga, für mich neu in dem Kreis, scheint besonders gut zuhören zu können.

»Sieben Frauen, sieben weise Frauen. Ich habe für euch ein Sauerteigbrot nach meinem Rezept gebacken. Und dann als etwas Besonderes: ein Brot mit Koriander und Kümmel und ein weiteres Brot mit Rosinen. Gerda hat für Butter, Gänseschmalz, verschiedene Käse und für Schinken gesorgt.«

»Aber der Höhepunkt unseres Mahles …«

»Das soll der Hexensalat sein. Dafür bin ich mindestens eine Stunde lang auf der Wiese hier nebenan und in meinem Garten unterwegs gewesen, um die notwendigen Kräuter zu suchen.«

Gerda stellt die große Glasschüssel auf den Tisch. Ich sehe fragende und skeptische Mienen, weil der Salat so ganz anders aussieht.
»Mein Freund Peter, der Superlangstreckenläufer, hat ihn gegessen. Der schwärmt seitdem davon und läuft weiter und schneller denn je. Von mir und Gerda gar nicht zu reden, wir essen Hexensalat mehrmals in der Woche … und wir leben immer noch!«

»Mindestens probieren müssen wir ja wohl auch. Das riecht nach Knoblauch, südländisch.«

Marlis langt nach der Salatschüssel, wählt dann eine Scheibe Korianderbrot, die sie mit Butter bestrich und mit einigen Krümeln Salz bestreut.

»Lasst uns raten, was in dem Salat an Kräutern ist«, fordert Brigitte die Runde auf, »hier obenauf, das sind ja wohl Gänseblümchen.«

»Aus einer Träne Marias auf der Flucht nach Ägypten entstanden. Gänseblümchen, Maßliebchen sind ein Freund unserer Leber«, weiß ich zu berichten, angelesen.

»Und das hier, sind das klein geschnittene Löwenzahnblätter?«

»Richtig, der Löwenzahn ist eine bedeutende Heilpflanze, die in der Blütezeit ihre höchsten Kräfte entwickelt, hervorragend für blutreinigende Kuren, gegen Abgespanntheit und Müdigkeit. Aber ihr seid natürlich alle topfit. Ich habe trotzdem reichlich davon genommen, weil er auch erstaunlich gut schmeckt.«

»Petersilie?«

»Unser beliebtes Küchengewürz, wobei ich die glattblättrige bevorzuge, enthält viele Vitamine und Mineralien. Außerdem mildert sie den Knoblauchgeruch. Denn Knoblauch, Küchenzwiebeln und Schnittlauch, die dürfen bei meinem Hexensalat in keinem Falle fehlen. Knoblauch schon deshalb nicht, weil er die Vampire fernhält. Außerdem wirkt er leistungssteigernd, antibakteriell und blutdrucksenkend. Er muss aber frisch verwendet werden. Erste Hinweise auf seine Bedeutung als Heilpflanze stammen aus der Steinzeit, ein Keilschriftrezept, rund 5000 Jahre alt, ist überliefert. Und aus dem Jahre 1600 vor Christus stammt ein ägyptischer Papyrus, der beschreibt, dass die beim Bau der Pyramiden eingesetzten Arbeiter streikten, weil sie nicht genügend Knoblauch erhielten.«

»Tolle Geschichten!«, kommentiert Marga.

»Die Zitronenmelisse, die schmeckt ihr sicher auch heraus, bei der hat schon Karl der Große angeordnet, dass sie in jedem Klostergarten anzupflanzen sei. Sie wirkt beruhigend und wird bei nervösem Herz, bei nervösem Magen und bei Einschlafstörungen angewendet.«

»Wir stochern jetzt schon die ganze Zeit in dem Salat herum und erfahren viele wissenswerte Dinge. Aber jetzt lass mich doch erst einmal sagen, dass mir der Hexensalat gut schmeckt. Das ist doch wohl am wichtigsten!«

»Danke, Ulla! Ich will meine Erklärungen jetzt auch abschließen. Diese kleinen weißen Stippen, das sind Taubnesselblüten, einzeln aus den Kelchen herausgezupft. Für euch, weil sie nämlich bei Frauenkrankheiten helfen. Und diese dunkelgrünen klein geschnittenen Blätter, die stammen von Brennnesseln und wirken blutreinigend, harntreibend und werden gern bei rheumatischen Beschwerden verordnet, äußerlich auch als Haarwuchsmittel oder zur Reiztherapie. Erstaunlich, dass das Nesselgift der Brennhaare hier nicht wirkt in der Soße aus Olivenöl und Balsamico-Essig, mit Salz und Pfeffer gewürzt.«

115

Mit Geduld und Sauerteig

»Aber beim Pflücken der Brennnesselblätter, da ziehst du doch Handschuhe an?«, will Anne wissen.

»Nein, denn die Brennnesseln tun dir nur dann etwas, wenn du böse Gedanken hast.«

»Aha. So ist das also.«

»Da hast du ja erstaunlich viel zusammengetragen, nicht nur an grünem Zeug, sondern auch an wissenswerten Fakten!«, meint Marga.

»Ja, wenn ich mir sieben Hexen in den Garten einlade, dann muss ich schon etwas dafür tun.

«Weißt du eigentlich, dass in unserer Stadt im Mittelalter sechs Hexen verbrannt worden sind?»

«Nein, aber gut, dass diese grausamen Zeiten vorbei sind. Ich finde es schön, dass wir gemeinsam in der Sonne sitzen, Hexensalat essen und über Hexenkünste reden können.

Marathonlauf über den Brocken

Der Marathonlauf über den Brocken hat für mich eine besondere Bedeutung. Ich tauche ein in die andere Welt mit Teufelsspuk und Hexentänzen, die wunderliche Rezepturen und Zaubermittel verheißt.

Der einsame und kahle Brockengipfel beflügelte seit altersher die Fantasie der Menschen. Und auch heute noch, wo die Brockenbahn hinauffährt, wo Fernsehturm, Sendergebäude, Wetterstation und die halbrunden Gebilde der früheren Radarbeobachter ein anderes Blickfeld ergeben, ist es hier höchst geheimnisvoll.

Wir starten am Forsthaus Himmelpforte auf einer großen grünen Wiese. Mir fällt die Lügengeschichte ein, wonach die böse Hexe aus dem Pfefferkuchenhaus, die im Märchen Hänsel und Gretel unter falschen Versprechungen lockt, aus Wernigerode stammen soll. Im Stadtarchiv gebe es ein Dokument über die »Wirkliche und akkurateste Beschreibung der Hochnotpeinlichen Befragung der Katharina Schraderin, genant die Bakkerhexe«, die in Quedlinburg die Kunst der Lebkuchenbäckerei erlernt und später im Spessart, dem Hexenwald, ein kleines Fachwerkhaus mit vier Backöfen gekauft habe, wo all das passiert sein soll, was das Märchen erzählt.

Wir laufen zwischen dunklen Tannen. Sie riechen würzig. Unser Weg führt vorbei an blinkendem Wasser und murmelnden Bächen. Fliegenpilze leuchten. Felsbrocken liegen da wie von Riesen aufeinander getürmt. Oberhalb von tausend Metern wird es kälter, stehen die Bäume nur noch vereinzelt.

Hexensalat und Korianderbrot

Schon die Germanen im Altertum hatten ihre Hexen und Zauberer. Dass die Hexen mit dem Teufel im Bunde stehen sollten, glaubten die Menschen erst seit der Verbreitung des Christentums, als die heidnischen Feste und Versammlungen bei Todesstrafe verboten waren, sie aber dennoch im nächtlichen Dunkel zusammenkamen, um die abgesetzten Götter zu verehren. Einer der Orte, an denen heimlich geopfert wurde, war der Brockengipfel. In der ersten Mainacht, der Walpurgisnacht, trafen sich die Menschen dort, was von den christlichen Priestern natürlich als gotteslästerlich bezeichnet wurde. Vor allem Frauen waren es, die am höchsten Festtag der heidnischen Germanen festhielten, und sie selbst verbreiteten die Märchen vom gefährlichen Teufelsspuk, um ihre abergläubigen Verfolger fernzuhalten. Als Jahrhunderte später Hexenprozesse und Hexenverbrennungen in ganz Europa verbreitet waren, gaben die uralten Sagen den Grund ab, den Brocken zum Mittelpunkt des satanischen Reiches auf Erden zu erheben.

Während ich mich auf den letzten vier Kilometern über Betonplatten nach oben quäle, wo kalte Nebel wabern, denke ich an die Hexen, die es der Brockensage nach einfacher hatten. Sie verließen ihre Wohnung durch den Schornstein, schwangen sich auf Besen und eilten dem Blocksberg, der Brockenspitze zu, nachdem sie ihren Körper zuvor mit Hexensalbe eingerieben hatten, mit einer Mischung aus Fett, Tollkirschen, Fingerhut, Opium, Schierling und anderen narkotischen Pflanzenstoffen. Oben wurden der Sage nach die Hexen gelobt, die es arg getrieben und Böses getan hatten, alle anderen durchgebläut und ausgelacht. Dann begann der Hexentanz, um den Teufel herum mit den Gesichtern nach außen gewendet.

Mein Hexentanz ist der Weg zurück, der Lauf nach unten zur Himmelpforte. Die Knie schmerzen und die Oberschenkelmuskeln spannen sich. Ich kann nicht auf einem Hexenbesen reiten.

120